CUENTOS DE BUENAS NOCHES PARA NIÑAS REBELDES

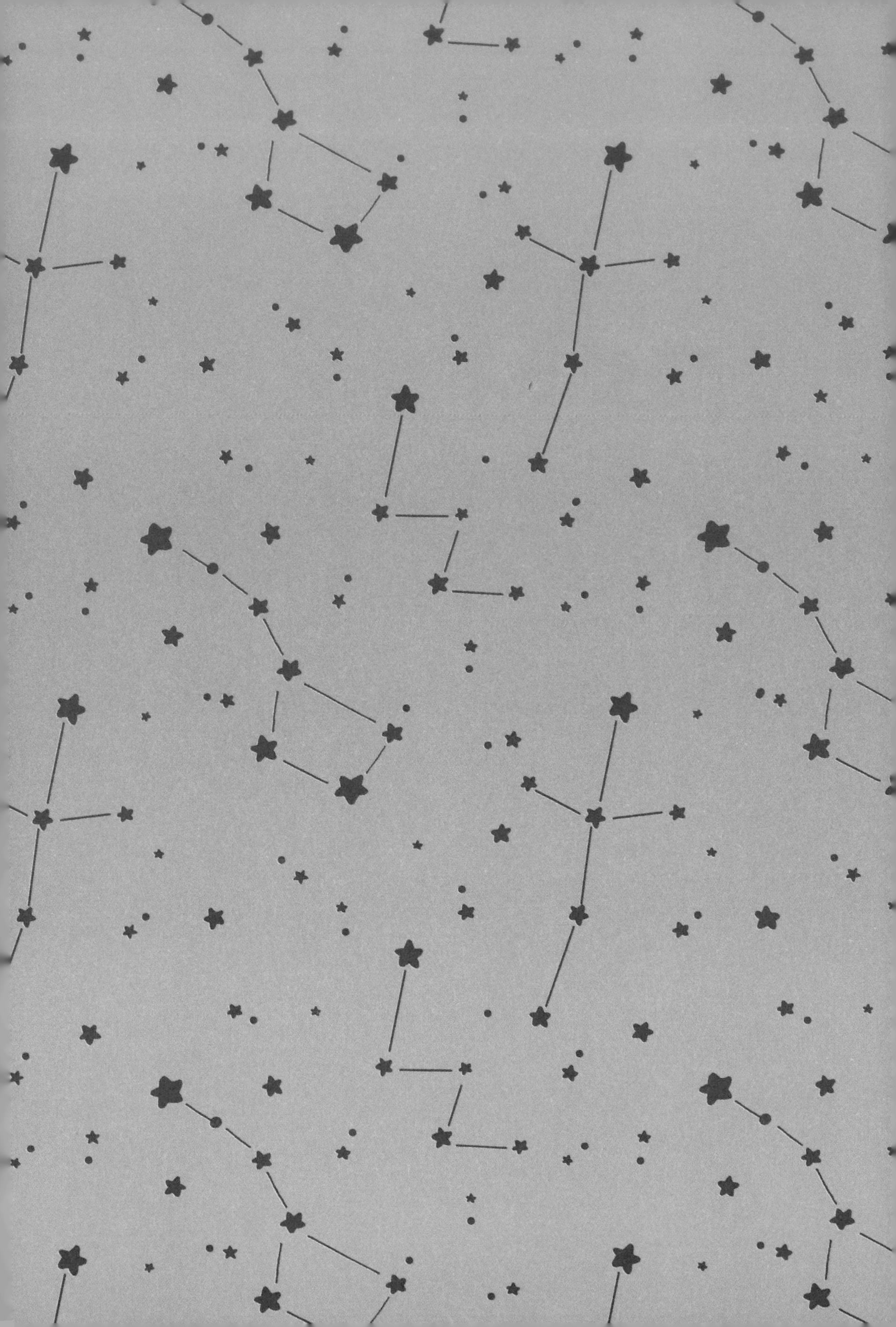

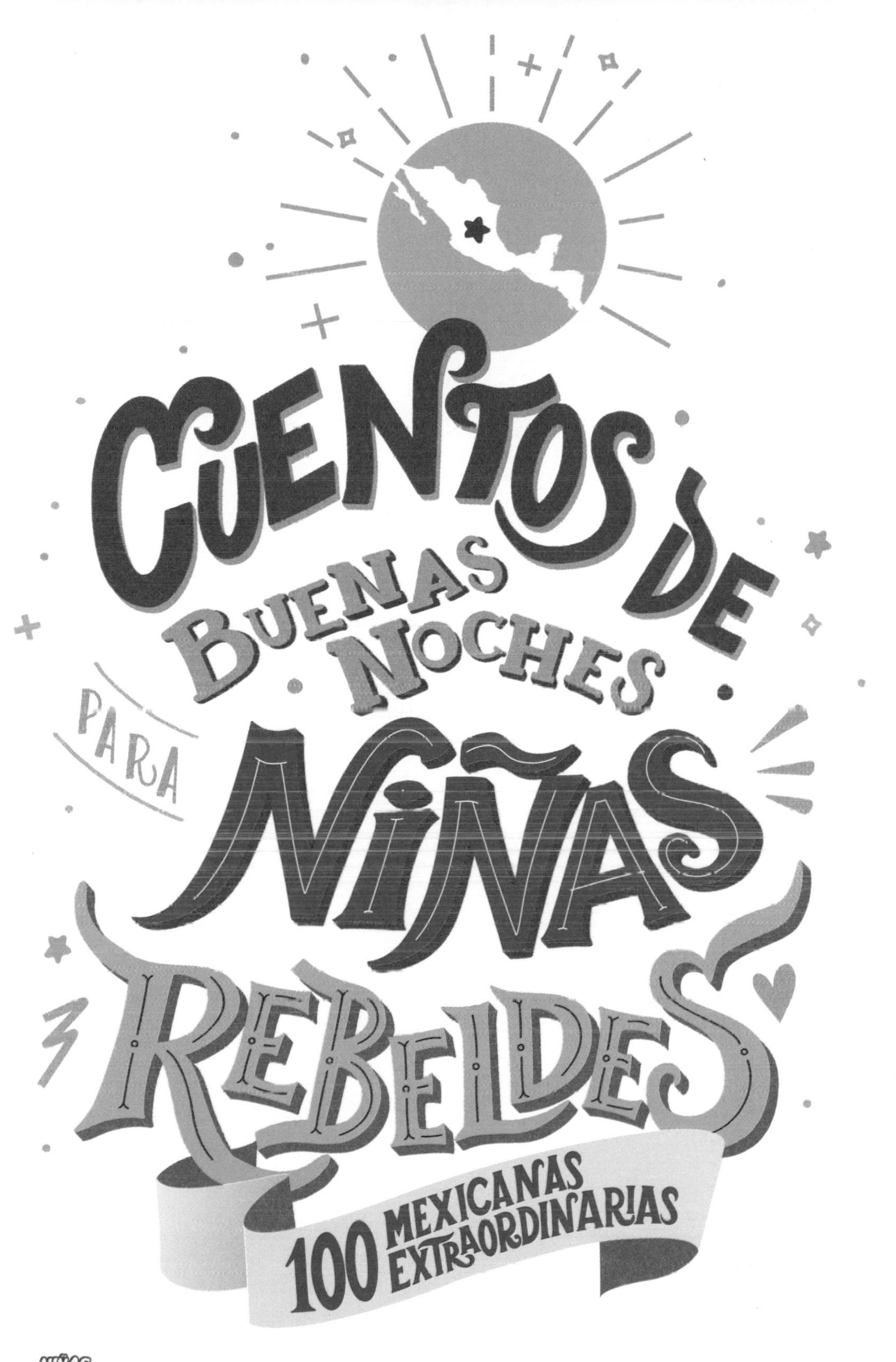
CUENTOS DE
BUENAS NOCHES
PARA
NIÑAS
REBELDES
100 MEXICANAS EXTRAORDINARIAS

NIÑAS REBELDES

Planeta

Diseño de portada y lettering: Cesar Iannarella
Adaptación de portada: Planeta Arte y Diseño
Adaptación de lettering de portada: Carmen Irene Gutiérrez Romero / David López
Diseño de interiores: Cori Johnson
Adaptación al español: Lucero Elizabeth Vázquez Téllez
Dirección editorial y dirección de arte: Elena Favilli

Creado en asociación con Rebel Girls, Inc., como parte de la serie más grande de *Good Night Stories for Rebel Girls*

Textos: Montserrat Flores Castelán, Martha Mega, Olivia Teroba, y María Vargas Jiménez

Bajo el sello editorial PLANETA M.R.
Avenida Presidente Masarik núm. 111,
Piso 2, Polanco V Sección, Miguel Hidalgo
C.P. 11560, Ciudad de México
www.planetadelibros.com.mx

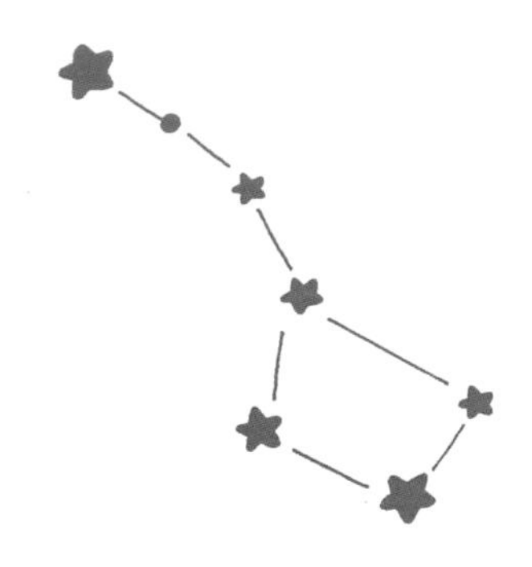

Primera edición en formato epub: marzo de 2021
ISBN: 978-607-07-7493-5

Primera edición impresa en México: marzo de 2021
ISBN: 978-607-07-7411-9

Impreso en los talleres de Litográfica Ingramex, S.A. de C.V.
Centeno núm. 162-1, colonia Granjas Esmeralda, Ciudad de México
Impreso y hecho en México – *Printed and made in Mexico*

A las niñas rebeldes de todas partes:

aprende del pasado

y, ante la duda, recuerda que

tú puedes cambiar el futuro.

ÍNDICE

PREFACIO

Queridas Rebeldes:

Me enorgullece compartir este volumen local de la serie *Cuentos de buenas noches para niñas rebeldes*. En el pasado, estos libros han contado cientos de cuentos de hadas de la vida real de todo el mundo: historias de mandatarias, cantantes de ópera, la inventora del wifi y la Reina de la Salsa, entre otras. Muchas de estas mujeres ya eran internacionalmente reconocidas, pero a veces las mujeres ejemplares de las que más puedes aprender son aquellas que han estado a la vuelta de tu casa, aunque aún no lo sepas.

En este momento, México está librando una importante batalla por los derechos de las mujeres como nunca se había visto. Las mexicanas recorren las calles exigiendo sus derechos. ¡Esperamos que un día tú te les unas!

Mientras tanto queremos presentarte a las creadoras, campeonas, líderes, guerreras y pioneras que podrían haber recorrido las mismas calles por las que tú caminas hoy. Algunos de sus logros están bien documentados en la historia de tu región y algunos apenas van saliendo a la luz.

Ejemplos como doña Ángela, quien llega a tu cocina con su canal de YouTube compartiendo sus mejores recetas, hablando de tradiciones y de lo que cultivan en su rancho; Edna Leticia, quien estudia la personalidad de los anfibios y encontró una nueva especie de rana a la que llamó La Esperanza, o Queta Basilio, quien se convirtió en la primera mujer de la historia en encender un pebetero olímpico.

Esperamos que estas historias te inspiren para defender tus creencias y seguir tus sueños. ¡Ya queremos ver lo que lograrás!

¡Adelante!
Niñas Rebeldes

CUENTOS DE BUENAS NOCHES PARA NIÑAS REBELDES

ADHARA PÉREZ

NIÑA PRODIGIO

Había una vez una niña con la capacidad de entender y descifrar sin mucha dificultad problemas complejos: los cálculos matemáticos y las ecuaciones físicas eran pan comido para ella. Muchas personas se sorprendieron porque su coeficiente intelectual era del rango de genios como Albert Einstein o Judit Polgár. Pero poco importa lo que opinen los demás, Adhara es una niña con un sueño: convertirse en astronauta.

Sufrió muchas burlas y el menosprecio de sus compañeros y maestros del kínder porque no lograban comprenderla, solo la veían como una niña ensimismada que se dedicaba a dibujar agujeros negros en lugar de hacer la tarea. Su mamá la defendió porque sabía que su hija era muy inteligente y podría lograr todo lo que se propusiera. Su papá también la apoyó y en esos días le recordaba: «Si no te gusta dónde estás, imagínate dónde quieres estar». Encontraron a alguien que los orientó y les explicó que Adhara tiene síndrome de Asperger, un trastorno del comportamiento que afecta la capacidad de socializar. Sin embargo, también se confirmó lo que ya sabían: esta joven rebelde posee una inteligencia extraordinaria.

A partir de entonces consiguieron matricularla en la universidad, donde cursa dos carreras: ingeniería industrial en matemáticas e ingeniería en sistemas. Además Adhara quiere estudiar astrofísica en Arizona para convertirse en astronauta y viajar a Marte.

Esta historia se está escribiendo todavía. El futuro de Adhara es gigantesco como el universo, y no cabe duda de que llegará lejos.

NACIÓ EL 28 DE AGOSTO DE 2011

VERACRUZ

QUIERO SER LA PRIMERA MUJER MEXICANA QUE PISE LA LUNA.

ADHARA PÉREZ

ILUSTRACIÓN DE ILEANA FLORES

ALEXA MORENO

GIMNASTA

Había una vez una niña llamada Alexa que tenía tanta energía que su mamá decidió llevarla a clases de gimnasia desde los tres años. Con cada clase se enamoraba más y más de ese deporte, en especial del salto de caballo. Tanto le apasionó que un día se fijó la meta de ir a unos Juegos Olímpicos.

Pasaron los años y, cuando Alexa cumplió quince, participó en su primer certamen internacional en Australia. ¡Ganó una medalla de bronce! Esto la ayudó a comenzar su preparación para una competencia olímpica. Entrenó muchísimo, hasta que logró clasificar para Río de Janeiro 2016.

Alexa se sentía feliz. No podía creer que estuviera entre tantos atletas que ella admiraba. Empezaron las competencias y salió a dar lo mejor en cada salto. Desafortunadamente, mucha gente empezó a criticar su apariencia por los prejuicios que se tienen sobre lo que es bello en la gimnasia y cómo se supone que deben verse las competidoras. Pero Alexa tuvo el apoyo de su familia, que la impulsó a seguir adelante para alcanzar sus metas sin importar lo que opinaran los demás.

Después de entrenar mucho, Alexa regresó a las competencias en 2018. En noviembre se convirtió en la primera mexicana en ganar una medalla en el Campeonato Mundial de Gimnasia Artística, en Catar. Y en diciembre ¡conquistó el oro en la Copa Toyota de Gimnasia, en Japón!

Alexa sigue practicando lo que le apasiona, siempre con ganas de lograr más.

NACIÓ EL 8 DE AGOSTO DE 1994

BAJA CALIFORNIA

SOY UNA PERSONA QUE SIEMPRE QUIERE MÁS. ENTONCES, SIEMPRE TRATO DE DAR LO MEJOR DE MÍ Y DE SEGUIR ESFORZÁNDOME PARA LLEGAR MÁS ARRIBA.
ALEXA MORENO

ILUSTRACIÓN DE
ADHARA MIGUEL

ALI GUARNEROS

INGENIERA AEROESPACIAL

Había una vez una niña muy curiosa e inquieta llamada Ali. Tenía tres hermanos y su mamá se hacía cargo de ellos.

Ali solo podía estarse quieta cuando abría un libro, así que su mamá empezó a regalarle enciclopedias para que se mantuviera entretenida. En una de ellas leyó por primera vez acerca de un transbordador espacial y quiso saber sobre las personas que lo construían.

A los doce años, un terremoto provocó que Ali y su familia perdieran su casa y tuvieran que mudarse a Estados Unidos. Llegar a un país nuevo y aprender su idioma y cultura fue todo un reto para ella. Pronto tuvo que abandonar sus estudios para ayudar a su mamá con las labores de la casa. Además, tuvo cuatro hijos, por lo que en algún momento pensó que su vida se iba a limitar al trabajo doméstico.

Pero ella quería lo mejor para sus niños y entendía que, si no había estabilidad económica, no podrían tener una mejor vida, de modo que volvió a estudiar.

Un maestro de la universidad la convenció de buscar un trabajo temporal en la NASA. Ella tenía más de treinta años y cuatro hijos; estaba segura de que no la iban a elegir. ¡Pero la eligieron! Quienes la contrataron consideraron que su experiencia y voluntad por conocer más podían ser muy valiosas.

Ali ascendió de puesto y hoy es miembro del equipo que explora la posibilidad de que los humanos lleguen a Marte. Sus inventos irán mucho más lejos de lo que ella alguna vez imaginó.

NACIÓ EN 1973

CIUDAD DE MÉXICO

SIEMPRE ME GUSTÓ [...] RESOLVER LOS PROBLEMAS DE MANERA DIFERENTE, USANDO LA CREATIVIDAD.

ALÍ GUARNEROS

ILUSTRACIÓN DE
ELENA CALTZ

ALICIA ARIAS

FINANCIERA

Alicia es una visionaria de los negocios. Cree que en el futuro todo tipo de industrias y comercios van a cambiar debido a la tecnología y la presencia de las mujeres en toda clase de actividades y empleos.

Por eso apoya a las mujeres que desean tener un negocio propio, ahorrar e invertir, y se dedica a buscar soluciones para ellas. Les enseña cómo usar su dinero y tomar decisiones financieras, lo cual es muy importante, pues en el pasado era común que los hombres administraran el dinero de sus esposas, madres e hijas, por lo que ellas no tenían independencia económica.

El proyecto de Alicia se llama Mujeres en Finanzas y es una iniciativa de dieciséis ejecutivas que tiene como objetivo asistir a otras mujeres con sus negocios, orientándolas para que tengan un efecto social positivo y asesorándolas para que no abandonen sus profesiones.

Su labor es muy valiosa porque empodera a otras mujeres, ¡les ayuda a ganar dinero y a hacerlo rendir en beneficio propio y de la sociedad! Como esta es una tarea que la apasiona, se preocupa por sus socias y clientas: también quiere que cumplan sus sueños y que, además de ser madres o amas de casa, tengan trabajos que las hagan sentir satisfechas.

Alicia piensa que para contribuir al desarrollo económico del país es esencial que haya oportunidades de trabajo, de mercado y comunitarias para las jóvenes empresarias. Por eso fundó Mujeres en Finanzas.

CIRCA 1986

MI ABUELA Y MI MAMÁ TRABAJARON TODA SU VIDA, POR ESO SÉ QUE PUEDES TENER UNA PROFESIÓN.

ALICIA ARIAS

ALONDRA DE LA PARRA

DIRECTORA DE ORQUESTA

Alondra creció rodeada de música. Cantantes, guitarristas, conciertos: todo el tiempo había notas flotando a su alrededor. Le gustaba tanto que a los siete años empezó a estudiar piano y, después, violonchelo.

Los años pasaron y su amor por la música fue incrementando. A los quince años, Alondra, tan inquieta como siempre, emprendió un viaje al extranjero para estudiar en una escuela donde la música fuera la actividad principal. Al ver su fascinación por el mundo musical, su padre le preguntó por qué no se volvía directora de orquesta. «Me pareció una locura, porque no era algo que me hubiera planteado», recuerda ella. Pero, sin duda, esa fue una semilla que, con mucha paciencia, dedicación y disciplina, comenzó a germinar.

Partió a Nueva York a estudiar piano y dirección orquestal. Durante su estancia en la Gran Manzana logró formar la Orquesta Filarmónica de las Américas, una plataforma para promover a solistas, músicos y el repertorio de los compositores latinoamericanos.

A lo largo de los años, más de cien orquestas alrededor del mundo han sido testigos de su liderazgo. ¡Londres, Zúrich, Sao Paulo! Alondra no conoce frontera alguna que sea un impedimento para la música.

Para Alondra, su trabajo empieza desde la partitura y termina con el oyente. Ser directora de orquesta significa estar preparada para todo: lo que sucedió, lo que está sucediendo y lo que sucederá o esperas que suceda.

NACIÓ EL 31 DE OCTUBRE DE 1980

NUEVA YORK, ESTADOS UNIDOS

ILUSTRACIÓN DE
ALEJANDRA ESPINO

LA MÚSICA
ES UN ACTO
DE GENEROSIDAD.
ALONDRA
DE LA PARRA

AMALIA HERNÁNDEZ

BAILARINA

Amalia un día fue al circo y ahí comenzó su sueño: ser bailarina, de las que hacen toda clase de suertes de pie y sobre el lomo de un caballo. En casa lo tomaron como una fantasía; aunque su madre cantaba, tocaba la guitarra y pintaba, consideraba las artes como un entretenimiento.

Por instrucciones de sus padres, entró a estudiar a un colegio para maestras. Todas las mañanas, de camino al colegio, pasaba por el Palacio de Bellas Artes y soñaba con bailar ahí. Al poco tiempo abandonó la escuela y consiguió que la dejaran estudiar danza profesionalmente. Era tan hábil y disciplinada que pronto la invitaron a participar con el Ballet de Bellas Artes. No obstante, su familia creía que una presentación en público sería deshonrosa. La retiraron del grupo y poco después se casó. Dejó los escenarios durante algunos años luego de su matrimonio.

Por suerte, nunca abandonó el baile. Uno de sus antiguos profesores la invitó a ser maestra y coreógrafa. Amalia aceptó entusiasmada. Así ideó hermosos pasos que mezclaban música regional de distintos lugares del país con los elegantes movimientos que había aprendido en el ballet. Poco después creó su propia compañía: el Ballet Folklórico de México. Se le considera patrimonio cultural nacional y sigue presentándose después de cincuenta años. Además, en él cientos de bailarines se preparan para cumplir el mismo sueño que ella tuvo de niña.

19 DE SEPTIEMBRE DE 1917 – 4 DE NOVIEMBRE DE 2000

CIUDAD DE MÉXICO

ILUSTRACIÓN DE
AMANDA MIJANGOS

UN ARTISTA NECESITA LIBERTAD TOTAL. AL BAILAR, TU ÚNICO COMPROMISO ES CON EL ARTE MISMO.
AMALIA HERNÁNDEZ

AMARANTA GÓMEZ REGALADO

ANTROPÓLOGA Y ACTIVISTA SOCIAL

Esta historia comienza en un lugar de Oaxaca, donde el Pacífico y el Atlántico parecen juntarse. Amaranta nació en un hogar con un padre amoroso y en una comunidad que se caracteriza por la ayuda mutua.

Desde muy joven se reconoció como muxe. Este término se refiere a una identidad de género que se construye en un cuerpo masculino, pero con un espíritu femenino. Con el apoyo y cariño de su familia, Amaranta fue moldeando su ser para convertirse en lo que ella quería.

Su imparable activismo comenzó cuando tenía solo diecinueve años. Tras ver cómo su comunidad era azotada por el virus de la inmunodeficiencia humana, Amaranta decidió enfrentarlo con prevención e información. Gunaxhii Guendanabani, «ama la vida» en zapoteco, es una organización que informa a la población y acompaña a personas que tienen este virus a partir del autocuidado.

A los veinticinco años Amaranta sufrió un severo accidente. El transporte donde viajaba se volcó, eso le provocó múltiples fracturas en el brazo izquierdo y tuvieron que amputárselo para salvarle la vida. Sin embargo, ni esta ni otras dificultades han evitado que ella sea extraordinaria.

Es antropóloga de formación y su trabajo se ha centrado en diferentes causas, como el reconocimiento de las identidades de género ancestrales, la erradicación de la violencia y el acceso temprano a la educación. Al reconocer que la política es un espacio necesario para lograr cambios en la sociedad, fue la primera candidata muxe a diputada federal.

NACIÓ EL 7 DE NOVIEMBRE DE 1977

OAXACA

ILUSTRACIÓN DE
MARTHA SAINT

ES NECESARIO HACER UN ALTO
Y OFRECER RECONOCIMIENTO
A LAS COMUNIDADES INDÍGENAS
QUE TENEMOS.
AMARANTA GÓMEZ REGALADO

ANA BAQUEDANO

ACTIVISTA

Hace no mucho una joven yucateca compartió una foto íntima con una persona a quien le tenía mucha confianza. Ambos prometieron borrar la foto después de verla. Sin embargo, él rompió su promesa y difundió la imagen sin la autorización de ella. Esta es la historia de Ana y la pesadilla que vivió en silencio durante algunos años.

Cuando Ana llegó a la universidad esperaba que las cosas cambiaran, pero se encontró con miradas y murmullos por la foto que había estado circulando. Todos cuestionaban el tipo de persona que era y tenían algo que decir sobre su cuerpo y sus acciones.

Un día decidió darle la vuelta a todo lo que pasaba y empezó a contar ella misma su historia, para evitar que alguien la criticara sin saber su versión. «Cada vez que la contaba, la historia se hacía más pequeña», dice Ana.

Empezó a trabajar con organizaciones y programas estatales para emprender acciones contra los actos que quebrantan nuestra intimidad. Ana recibió muchísimos testimonios de jóvenes que también estaban pasando por una situación similar, en la cual las amenazaban o criticaban por alguna foto privada.

El 1 de agosto de 2018, Ana logró una gran victoria para su lucha: en Yucatán se aprobó una ley que clasifica la divulgación de información íntima como un delito. Esto fue posible gracias al apoyo y la asesoría de gente preparada que cree, al igual que Ana, en la justicia.

NACIÓ EL 19 DE ENERO DE 1995

YUCATÁN

LO PRIMERO [QUE HICE AL CONTAR MI HISTORIA] FUE NO DIRIGIR LA VERGÜENZA A DONDE NO CORRESPONDE.
ANA BAQUEDANO
ILUSTRACIÓN DE ANGE CANO

ANA ESTHER CECEÑA

ECONOMISTA

Ana estudió economía. Por sus clases y las conversaciones con sus compañeras y compañeros, se apasionó por la parte de esta ciencia que estudia a las personas y los lugares donde viven, además de la forma en que algunas corporaciones intentan obtener ventajas de las comunidades.

Cuando terminó la carrera, viajó a París para seguir sus estudios. Se especializó en el tema del poder: los esfuerzos de algunos por dominar y la resistencia de otros por no ser dominados. En cuanto volvió a México se hizo profesora en la facultad donde había estudiado.

Desde ahí apoyó luchas sociales, como el movimiento zapatista. Sus investigaciones han contribuido a la protección de recursos naturales y la búsqueda de mejores condiciones de vida para los pueblos menos favorecidos.

Ha formado parte de diversas investigaciones, redes y foros mundiales. Fundó la Campaña por la Desmilitarización de las Américas y en 2013 recibió un reconocimiento por su labor como profesora, investigadora y difusora de la cultura. En varias partes del mundo ha publicado obras en colaboración con otros autores.

Al día de hoy continúa dando clases, investigando, y los medios constantemente le hacen consultas sobre temas de importancia nacional. Apoya la protección de los territorios y patrimonios culturales, escribe para encontrar maneras de llevar una relación más sana con la naturaleza que nos permita entenderla como parte de la sociedad en la que vivimos.

CIRCA 1950

NUEVA YORK, ESTADOS UNIDOS

ILUSTRACIÓN
DE ANXE ALARCÓN

NADA PUEDE SER PEOR QUE LA CERTEZA
DE LA EXTINCIÓN. ES MOMENTO DE INVENTAR,
ES MOMENTO DE SER LIBRES, ES MOMENTO
DE VIVIR BIEN.
ANA ESTHER CECEÑA

ANA IGNACIA RODRÍGUEZ «LA NACHA»

ACTIVISTA

A veces la rebeldía tiene sus riesgos, pero ser desobediente vale la pena cuando se lucha por una causa noble, como le ocurrió a Ana Ignacia Rodríguez, una chica valiente y atrevida a quien sus amigos llamaban con cariño «La Nacha».

«La Nacha» era estudiante cuando en México estalló el movimiento estudiantil de 1968, una lucha para cambiar el mundo por uno más justo y que hacía frente a un gobierno opresor que atentaba, entre muchas otras cosas, contra la libertad de los más jóvenes.

Sin dudarlo ni un momento, «La Nacha» se unió al movimiento y, con arrojo, se dedicó a conseguir recursos para sus compañeros y a compartir información para que la gente se atreviera a luchar contra el gobierno.

Su activismo llamó tanto la atención que la amenazaron para que callara, pero Ana Ignacia no se rindió y por ello fue encarcelada en varias ocasiones. La cárcel le daba miedo, porque a veces eran violentos con ella; sin embargo, jamás renunció a sus ideales y resistió con toda su fuerza.

El movimiento del 68 terminó en tragedia y muchos estudiantes perdieron la vida. Cuando salió de la cárcel, «La Nacha» juró que no dejaría que el sacrificio de sus compañeros fuera olvidado; hasta el día de hoy levanta la voz contra las injusticias y se asegura de que todos recuerden la lucha de los jóvenes en los años sesenta.

NACIÓ EL 26 DE JULIO DE 1944

GUERRERO

ES UNA GRAN SATISFACCIÓN VER QUE LA CÁRCEL DE MUJERES DONDE ESTUVIMOS SE CONVIRTIÓ EN UNA PREPARATORIA. FUE MUY EMOTIVO VER QUE DONDE YO ESTUVE PRESA HAY UN CUBÍCULO DE UN PROFESOR.
ANA IGNACIA RODRÍGUEZ «LA NACHA»

ILUSTRACIÓN DE
CARMELITA DÍAZ KAMIN

ANDREA CRUZ HERNÁNDEZ

PILOTO MILITAR

A Andrea le encantaba estar en movimiento y sentir la adrenalina correr por sus venas. Por eso, el día que tuvo que pasar su primera prueba de valor en el Colegio del Aire de la Fuerza Aérea Mexicana estaba segura de que lo lograría. Subió las escaleras del trampolín y, cuando oyó el silbato que indicaba que debía lanzarse al vacío, cerró los ojos muy fuerte y se dejó caer desde la plataforma hasta la fosa de clavados. ¡Pasó la prueba! Pero ese era solo el principio del entrenamiento para convertirse en lo que siempre había soñado: piloto de aviones.

Andrea fue la primera mujer aceptada en el Colegio del Aire, pues antes solo se les permitía formarse como pilotos a los hombres. Fue un trabajo muy duro y muchas veces debió pasar largas temporadas lejos de su familia, pero sabía que ese esfuerzo rendiría frutos.

El día que Andrea tuvo que demostrar por primera vez que era capaz de pilotar sola un avión militar, a sus veintiún años, colgó de una de las alas de la aeronave una manta. Cuando el avión se elevó por los aires, sobre la manta se podía leer desde tierra: «Nacidos en la tierra, forjados en el cielo». Sus maestros, familia, compañeros y oficiales vitoreaban orgullosos desde abajo.

Cada vez que Andrea desafía al cielo y al peligro, festeja el hecho de estar viva para proteger a México.

NACIÓ EL 28 DE OCTUBRE DE 1990

OAXACA

LAS AERONAVES NO DISTINGUEN GÉNERO.
DESCONOCEN SI ERES HOMBRE O MUJER.
ALLÁ ARRIBA LO ÚNICO QUE CUENTA
ES TU PREPARACIÓN.

ANDREA CRUZ HERNÁNDEZ

ILUSTRACIÓN
DE CARMEN GUTIÉRREZ

ÁNGELA ALESSIO ROBLES

INGENIERA CIVIL Y URBANISTA

¿Alguna vez has escuchado que hay profesiones de hombres y otras de mujeres? Hubo una niña que se enfrentó a algo así y, a pesar de todas las dificultades, logró hacer lo que quería. Ángela era una niña a la que le gustaba hacer planos, observar las construcciones, ver sus proyectos hechos realidad. Y claro, ¡las matemáticas le encantaban!

Todo eso la llevó a estudiar ingeniería civil, una profesión en su mayoría de hombres. ¡Imagínate! Antes de ella había muy pocas mujeres que hubieran estudiado lo mismo. «Yo ingresé en 1937 a la carrera y solo existía el antecedente de cuatro mujeres», recuerda Ángela.

Terminó la licenciatura y se fue a Nueva York, donde se especializó en planeación y habitación urbana. Cuando regresó a México, comenzó a trabajar y fue una de las primeras mujeres en destacar en el sector público. Fue directora general de Planificación y directora del Plan para el Desarrollo Urbano del Distrito Federal, que ahora conocemos como Ciudad de México. También estuvo a cargo de construcciones como la Torre Latinoamericana y el Autódromo Hermanos Rodríguez.

Algunos años más tarde se mudó a Monterrey, donde a su vez tuvo la oportunidad de dirigir proyectos grandes, como la famosa Macroplaza.

En 1965 fue nombrada «La Mujer del Año», tres años después recibió en París la presea de la Legión de Honor Nacional y en el decenio de los setenta fue designada «La Mujer de la Década». Ángela nunca dejó de trabajar ni de demostrar que el lugar de la mujer es donde la lleve su pasión.

CIRCA 1916 – *CIRCA* 2014

[MI PADRE] NOS DIO LA LIBERTAD DE SEGUIR EL CAMINO QUE QUISIÉRAMOS, SIEMPRE Y CUANDO LO HICIÉRAMOS BIEN.
ÁNGELA ALESSIO ROBLES

ILUSTRACIÓN DE ILEANA FLORES

ÁNGELA GARFIAS VÁZQUEZ

COCINERA Y YOUTUBER

Doña Ángela, a los setenta años, llevaba una vida tranquila en su pequeño hogar en el campo, donde recibía siempre gustosa a su numerosa familia. En estas reuniones nunca faltaban los deliciosos platillos que ella preparaba con ingredientes que conseguía en su propio rancho. Para cocinar utilizaba utensilios tradicionales, como el molcajete, el metate, las ollas de barro y el comal. Disfrutaba cocinar en su «rinconcito», donde tenía el fogón y una pequeña mesa para picar.

Un día, su hija Brenda le sugirió subir a YouTube un video de ella mientras cocinaba y explicaba una de sus deliciosas recetas. Doña Ángela aceptó y la grabaron preparando un huitlacoche recién cultivado, con cebolla, jitomate y chile. «¿Y cómo se va a llamar el canal?», le preguntó su hija. «Ponle "De mi rancho a tu cocina"», propuso doña Ángela.

El primer video lo subieron en agosto de 2019. Nadie se lo esperaba: en dos meses consiguió un millón de suscriptores. Doña Ángela se volvió muy popular en internet, pero nunca dejó de explicar con cariño y buen ánimo cada detalle de la comida de su región.

Actualmente tiene más de tres millones de seguidores y ha ganado varios premios de YouTube y otros reconocimientos por su labor de promoción a la cocina del campo. Sigue mostrando al mundo, con ayuda de sus hijos e hijas, las recetas que su madre le enseñó. Piensa en sus seguidores como una gran familia. «Ya soy tía de todos y abuelita de todos», dice.

NACIÓ EL 7 DE FEBRERO DE 1950

MICHOACÁN

ILUSTRACIÓN DE
JOHN MARCELINE

MMM... ME QUEDÓ BIEN SABROSO,
¿USTEDES GUSTAN? SE LOS
PREPARÉ CON MUCHO GUSTO,
DE MI RANCHO A TU COCINA.
ÁNGELA GARFIAS VÁZQUEZ

ÁNGELA PERALTA

SOPRANO

Un domingo, los padres de Ángela la llevaron a la ópera. No tenían mucho dinero, pero hacían un esfuerzo para comprar boletos de vez en cuando. Se sentaban en los asientos más lejanos al escenario. Eso hizo aún más sorprendente que la niña memorizara las canciones e imitara el tono de las cantantes a la perfección.

Sus padres decidieron apoyar el talento de su hija y se empeñaron en conseguirle un profesor particular. Cuando apenas tenía dieciséis años, Ángela se presentó en Europa, acompañada de su padre. Después de su concierto, la gente decía que era tal su habilidad y la dulzura de su canto que dudaban si su voz era humana o la de un pajarillo. Por eso comenzó a ser conocida como «El Ruiseñor Mexicano». En cualquier sitio donde se presentara, el lugar se llenaba de aplausos y exclamaciones, papeles de colores y flores.

Ángela nunca olvidó sus orígenes, así que cantaba para todos los públicos: tanto en lujosos teatros como en plena calle. Organizaba conciertos para niños huérfanos y personas necesitadas, y ella misma iba de puerta en puerta pidiéndole a la gente que aportara un poco para ayudarlos.

Varios años después fundó su propia compañía de artistas, con la que recorrió algunos estados de México, así como diversos países. Cantó por última vez en el balcón de un hotel en el puerto de Mazatlán. Ahí, su vida terminó de forma abrupta, debido a una epidemia de fiebre. La gente se quedó con el recuerdo de su hermosa e inigualable voz.

6 DE JULIO DE 1845 – 30 DE AGOSTO DE 1883

CIUDAD DE MÉXICO

ILUSTRACIÓN DE
CHRISTIAN CASTAÑEDA

HE RECIBIDO MUCHAS CORONAS,
PERO AMBICIONO OTRA QUE ESTARÁ
SIEMPRE FRESCA SOBRE MI FRENTE:
ESA CORONA ES LA GRATITUD DE
LOS DESVALIDOS.
ÁNGELA PERALTA

ASUNCIÓN IZQUIERDO

ESCRITORA

Hubo una vez una niña llamada Asunción que pasaba el día entero en la librería de sus padres. Los ayudaba a ordenar, atender a la gente y hacer entregas. Con el tiempo se volvió una lectora imparable. Después de leer varias horas al día, cuando su mamá la acostaba para dormir, se metía a escondidas en un mueble de madera y continuaba el libro que tenía pendiente, bajo la luz de una lámpara de petróleo.

A los quince años, sus padres la enviaron a estudiar a Estados Unidos. A su regreso, apenas cumplió la mayoría de edad, se casó. Como su marido no tenía trabajo, ella se dedicó a publicar artículos periodísticos para ganar dinero. Además preparó varios discursos para gente del gobierno.

Tiempo después, su esposo consiguió un puesto político y le prohibió escribir. En ese entonces era mal visto que una mujer colaborara en revistas y libros. Aparte, Asunción escribía historias de terror y fantasía y también era mal visto que una mujer tuviera tanta imaginación.

Pero ella no podía dejar de hacer lo que más disfrutaba. Por eso empezó a publicar utilizando distintos nombres: Alba Sandoiz, Pablo María Fonsalba y Ana Mairena. Apenas su marido la descubría, ella inventaba otro seudónimo y, pese a sus reclamos, seguía escribiendo.

Cada nombre con el que Asunción firmaba sus escritos le daba ideas que después utilizaba en sus novelas. Era una mujer muy creativa, también tocaba el piano y pintaba. Nunca dejó de escribir y buscar nuevas formas de contar historias.

21 DE FEBRERO DE 1910 – 6 DE OCTUBRE DE 1978

SAN LUIS POTOSÍ

ILUSTRACIÓN DE
STEPH C.

ES TERRIBLE PARA ALGUIEN QUE
HA INTENTADO ALETEAR TODA SU
VIDA PARA REALIZARSE COMO TAL,
ESCUCHAR CONTINUAMENTE QUE
SU VOCACIÓN ES VERGONZOSA,
INDIGNA, DESPRECIABLE.
ASUNCIÓN IZQUIERDO

AURORA REYES

ARTISTA VISUAL Y POETA

La vida de Aurora no fue sencilla. Su padre y abuelo lucharon en la Revolución contra Francisco I. Madero, fueron derrotados y proclamados como traidores. Aurora tuvo que huir al extranjero junto con ellos. Varios años después, cuando regresó a México, todos la juzgaban por los errores de su familia.

En la preparatoria conoció a Frida Kahlo y se hicieron muy amigas. Ambas disfrutaban el arte y comenzaron a pintar, se hacían retratos una a la otra, pero luego de un tiempo las separaron. Aurora fue expulsada de la escuela porque sus profesores decían que su familia era de traidores a la patria.

Aunque dejó la escuela, Aurora aprovechó para dedicarse con más empeño al arte; se hizo autodidacta y pronto sus cuadros le dieron renombre. Ganó algunos concursos y se unió a grupos de artistas e intelectuales, que al fin la aceptaron por quien era ella, haciendo a un lado la historia de su familia.

Tuvo la oportunidad de llevar su obra a una escala mayor, pues se convirtió en la primera muralista mexicana. Pintó imágenes en edificios y monumentos, en las que mostraba la diversidad de México y su historia, incluyendo la Revolución que tantos problemas le había traído.

También dedicó sus murales a las mujeres y, durante el resto de su vida, formó parte de varias organizaciones que luchaban por los derechos femeninos, uniendo su arte y pasión por la política a fin de construir un mundo más justo.

9 DE SEPTIEMBRE DE 1908 – 26 DE ABRIL DE 1985

CHIHUAHUA

ILUSTRACIÓN DE
CITLALLI DUNNE

A LA HORA DE LA SIESTA ME
ESCAPABA Y ME TREPABA
A UNA DUNA A VER EL
ATARDECER CON TODA LA
FANTASÍA DE MI IMAGINACIÓN
Y DE MIS OJOS.
AURORA REYES

BERTHA GONZÁLEZ

MAESTRA TEQUILERA Y EMPRESARIA

Había una vez una mujer enamorada de los atardeceres en los campos de agave. Su nombre: Bertha González.

Cuando estudiaba en la universidad, Bertha tuvo la oportunidad de compartir su pasión por la cultura mexicana gracias a un programa internacional auspiciado por gobierno japonés. Con tal de poder calificar entre los finalistas, Bertha se levantaba a las siete de la mañana todos los sábados, durante seis meses, para aprender sobre su querido México. Con esta experiencia empezó a entender la imagen que otros tenían del país. Se dio cuenta de que muchas personas tenían ideas muy limitadas sobre lo que podían encontrar y les faltaba conocer toda la grandeza mexicana. Así que decidió hacer un cambio definitivo.

Durante diez años trabajó en varias de las empresas más importantes de tequila en México y llegó a ser una de las ejecutivas con mayor reconocimiento. Un día, junto con su socio, empezó su propia empresa: Casa Dragones. Esta destilería tiene el objetivo de crear productos de alta calidad, combinando la tradición del oficio tequilero con la sofisticación y tecnología del presente.

Bertha se convirtió en maestra tequilera, ¡la primera en un grupo de hombres! «Casi tuve que dejarme crecer un bigote para recibir mi título», bromea. Pero una cosa es segura: con o sin bigote, está cambiando las reglas de la industria.

NACIÓ EL 6 DE MAYO DE 1970

JALISCO

ILUSTRACIÓN DE
CRISTINA DELGADO

YO NO QUERÍA SER UNA MUJER
EN EL MUNDO DEL TEQUILA.
YO QUERÍA SER UNA PROFESIONAL.
BERTHA GONZÁLEZ

CARLA FERNÁNDEZ

DISEÑADORA DE MODA

Cuando era niña, Carla adoraba acompañar a su papá a las comunidades indígenas. Lo que más le gustaba era admirar las vestimentas de las mujeres y los hombres. A su lado, la manera en que la gente vestía en la ciudad le parecía muy aburrida. No entendía por qué la gente muchas veces prefería seguir la moda de otros países, cuando la del México indígena era tan colorida e interesante.

Durante su adolescencia, Carla intervenía su ropa para hacerla más divertida, pero no le gustaban los resultados. Entonces decidió que debía aprender de los maestros: comenzó a viajar por todo el país para visitar a los artesanos que confeccionaban esas prendas que admiraba tanto. Se dio cuenta de que, aunque eran grandes artistas, tenían muy pocas posibilidades de exponer su trabajo y sus técnicas estaban en peligro de extinguirse.

Carla montó un taller en el que colabora directamente con comunidades indígenas para elaborar prendas hermosas que cualquier persona puede utilizar, sin importar su género ni edad. Cada prenda tiene una etiqueta con un enlace a un video en el que se puede conocer la técnica de elaboración y a los artesanos que la tiñeron, tejieron y bordaron. Así, los compradores pueden entender la complejidad y el valor de ese tipo de ropa, y los artesanos reciben un pago justo por su esfuerzo. Carla se aleja de la moda basura y piensa que el futuro estará hecho a mano.

NACIÓ EL 29 DE ENERO DE 1973

COAHUILA

LA VESTIMENTA ES CULTURA,
ES POLÍTICA, ES UNA ESPECIE
DE CASA AMBULANTE.
CARLA FERNÁNDEZ

ILUSTRACIÓN DE
DANIELA LADANCÉ

CARMEN SERDÁN

REVOLUCIONARIA

Hace muchos años vivió una niña que tenía un espíritu guerrero para oponerse a las injusticias. Carmen era la mayor de los hermanos Serdán —Carmen, Natalia, Aquiles y Máximo—, que pertenecían a una familia con historia combativa en su estado.

De pequeña Carmen asistía al colegio, pero tras la muerte de su padre tomó un papel más activo en casa, ayudando a su madre con el cuidado y la educación de sus hermanos menores.

Su hermano Aquiles y ella fueron voraces lectores. Esto los llevó a conocer ideas y libros prohibidos por la dictadura militar de Porfirio Díaz. Los hermanos crecieron y, frente a las acciones que lastimaban los derechos de los ciudadanos, abrazaron la causa de la no reelección. Carmen y Aquiles siguieron de cerca a Francisco I. Madero, tanto que casi fueron su mano derecha.

Carmen comenzó a escribir pliegos de denuncia y propaganda antirreeleccionista con el seudónimo de Marcos Serrato, para no levantar sospechas. También fue la encargada de comprar y almacenar las armas que servirían para el movimiento revolucionario.

Pocos días antes de lo previsto, Carmen y sus familiares se vieron descubiertos y atacados en su propio hogar. Ella corrió a toda velocidad y con gran coraje al balcón para invitar al pueblo a que se levantara en armas. Fue tomada prisionera, pero logró sobrevivir. Tras la muerte de sus hermanos, Carmen trabajó como enfermera y ayudó a quien más lo necesitaba. Siempre fue fiel a su ideal de construir un mejor lugar para todos.

11 DE NOVIEMBRE DE 1875 – 21 DE AGOSTO DE 1948

PUEBLA

MEXICANOS, NO VIVAN
DE RODILLAS. LA LIBERTAD
VALE MÁS QUE LA VIDA.
CARMEN SERDÁN

ILUSTRACIÓN DE
DANIELA MARTÍN DEL CAMPO

CHARLYN CORRAL

FUTBOLISTA

Charlyn era una niña tímida que se la pasaba jugando sola con su balón de futbol. En realidad jugaba porque su papá la había inscrito a un equipo y, aunque al principio no le llamaba la atención, descubrió que disfrutaba correr y conducir la pelota por toda la cancha hasta llevarla a la portería contraria.

A los once años la invitaron a la selección mexicana. Era de las menores del grupo. Cuando jugó por primera vez contra otros países, se dio cuenta de que ahora estaba con profesionales. Aun así, nunca dejó de divertirse y gozar cada partido. A los quince jugó en un Mundial y anotó dos goles.

Aunque el deporte ocupaba gran parte de su tiempo, nunca dejó de estudiar. A los veinte años decidió entrar a una universidad en Estados Unidos. No sabía hablar inglés al principio, pero pudo relacionarse gracias al futbol. Sabía que el deporte le daba carácter para la escuela, las amistades y las relaciones personales.

Unos años después tuvieron que operarla debido a dolores que sentía al correr. Estaba muy asustada porque era su primera operación y temía que algo malo ocurriera. Descansó cuatro largos meses. En su primer partido después de la recuperación metió un gol y no cabía en sí de felicidad. Por fin podía correr sin dolor.

Actualmente, Charlyn juega en el Atlético de Madrid, uno de los mejores equipos del mundo. Ha ganado varias medallas, tiene un récord de goleo y su carrera sigue en ascenso.

NACIÓ EL 10 DE SEPTIEMBRE DE 1991

ESTADO DE MÉXICO

ILUSTRACIÓN DE
CARMEN GUTIÉRREZ

CUANDO TENÍA UN BALÓN,
NO ERA TÍMIDA. ERA MI MEDIO
PARA SER YO MISMA.
CHARLYN CORRAL

CHAVELA VARGAS

CANTANTE

Había una vez una niña muy soñadora y rebelde que nació en San Joaquín, Costa Rica. María Isabel Anita Carmen de Jesús cantaba en todos lados. Decía que había nacido cantando.

Chavela, como se nombró más tarde, viajó a México siendo una adolescente. Aquí la esperaba su destino: el arte. Los sonidos, colores y sabores la enamoraron. Siempre dijo ser mexicana. ¡Y cómo no, si vivió ochenta años en este país!

En la Ciudad de México comenzó a dar presentaciones en bares. Un día conoció a José Alfredo Jiménez, uno de los compositores y cantantes más famosos del género ranchero en ese tiempo. Los dos se hicieron amigos y ella se volvió intérprete de sus canciones.

Tenía un estilo único, muy diferente del que se acostumbraba para las mujeres. Subía al escenario con pantalón, su guitarra, un poncho rojo y cantaba con voz ronca desde lo más profundo de su alma.

Sin embargo, vivió tiempos de soledad y tristeza que por poco la llevaron a desaparecer. Por casi diez años sufrió una gran depresión que la orilló al encierro. Cuando regresó al escenario, lo hizo en grande.

En este segundo momento de fama, la dama del poncho rojo logró presentarse en recintos de talla internacional, como el Teatro Olympia, en París, o el Palacio de Bellas Artes, en México.

Hoy día es un referente de la cultura LGBT por haber transgredido las convenciones de género de su época y haber amado sin importar lo que la gente dijera.

17 DE ABRIL DE 1919 – 5 DE AGOSTO DE 2012

HEREDIA, COSTA RICA

ILUSTRACIÓN DE
QUETZALLÍ MUJICA

PIENSA QUE EL SER HUMANO AMA
Y NADA MÁS. NO LE PREGUNTES
A QUIÉN NI POR QUÉ. DÉJALO,
ESA ES LA BELLEZA DE LAS COSAS.
CHAVELA VARGAS

COMANDANTA RAMONA

GUERRILLERA

Se dice que Ramona era muy pequeña, tal vez la de menor estatura entre todas las mujeres de su lugar de origen, una comunidad tzotzil en el estado de Chiapas. Pero lo que a Ramona le faltaba de estatura le sobraba de inteligencia y coraje, así que se aseguró de convertirse en la voz más sabia y poderosa entre sus compañeras.

Desde muy joven se dispuso a luchar por los derechos de las comunidades indígenas (en particular de las mujeres), por lo que al estallar el movimiento zapatista en los años noventa, Ramona se apuntó de inmediato, cubrió su rostro con un pasamontañas y consagró su vida a defender a las personas de la injusticia y el maltrato, para que su gente tuviera trabajo, salud, educación, independencia y paz.

La claridad y el carisma de Ramona la convirtieron rápidamente en un símbolo para el movimiento: fue nombrada comandanta y, junto con el subcomandante Marcos, encabezó los enfrentamientos contra el gobierno.

Ramona se encargó de que en las negociaciones de paz siempre se trataran los derechos de las mujeres indígenas. Marchó varias veces hasta la Ciudad de México y era reconocida como una gran activista, tanto por sus aliados como por sus opositores.

Sin mostrar nunca su rostro, logró inspirar a miles de mujeres en todo el país y demostró que se puede luchar sin importar de dónde se venga.

CIRCA 1959 – 6 DE ENERO DE 2006

CHIAPAS

QUIERO QUE TODAS LAS MUJERES DESPIERTEN Y SIEMBREN EN SU CORAZÓN LA NECESIDAD DE ORGANIZARSE, PORQUE CON LOS BRAZOS CRUZADOS NO SE PUEDE CONSTRUIR EL MÉXICO LIBRE Y JUSTO QUE TODOS DESEAMOS.
COMANDANTA RAMONA

ILUSTRACIÓN DE
CHARLOTTE GONZÁLEZ

CONSUELO VELÁZQUEZ

COMPOSITORA Y CONCERTISTA

A los cuatro años Consuelo sorprendió a toda su familia. Su tío acababa de regalarle un piano de juguete y, casi de inmediato, ella comenzó a tocar la melodía del himno nacional.

A los seis años ya daba recitales y era tan buena que su maestro le pedía: «Mira, nenita, cuando estés tocando, por favor, voltea a ver el teclado y haz como que te cuesta un poco de trabajo».

Consuelo se volvió una magnífica pianista. En su tiempo libre se divertía creando composiciones que no le mostraba a nadie: temía que se burlaran de ella por hacer canciones populares.

Comenzó a trabajar en un programa de radio. De vez en cuando programaba al aire algunas de sus composiciones y decía que eran de una amiga. Los radioescuchas las amaron y exigieron conocer la identidad de la autora. Consuelo tuvo que admitir que esas canciones eran suyas.

En esa época se peleaba la Segunda Guerra Mundial. Muchas parejas debían despedirse con un beso sin saber si sería la última vez que se verían. Inspirada por ello, Consuelo compuso la canción «Bésame mucho», que se convirtió en un éxito internacional y ha sido cantada por miles de artistas alrededor del mundo.

Esta canción puede parecer sencilla, pero esa sencillez oculta con mucha habilidad todos los conocimientos que Consuelo utilizó durante varios años de trabajo para lograr componer un tema que ha conmovido a todos los que lo escuchan.

21 DE AGOSTO DE 1916 – 22 DE ENERO DE 2005

JALISCO

ILUSTRACIÓN DE ESTEFANÍA VIYELLA

HAGO UNA [CANCIÓN].
EN PULIRLA, RETOCARLA,
MODELARLA, REVISARLA
ME PUEDO LLEVAR UN DÍA
O UN AÑO.
CONSUELO VELÁZQUEZ

DAFNE ALMAZÁN ANAYA

PSICÓLOGA

Hace no mucho tiempo había una niña con una capacidad impresionante para aprender. Su mente veía las cosas de manera diferente y esto le permitía entenderlas más rápido. Siempre buscaba saber más. Su nombre era Dafne.

Dafne aprendió a caminar antes de cumplir un año y, a los seis, ya sabía leer y escribir. Sus padres no la llevaron a un colegio porque su hermano mayor había tenido algunos problemas al ser un chico prodigio y lo molestaban por ello. Pensaron que sería mejor esperar un poco antes de inscribirla, pero no pasó mucho tiempo para que se dieran cuenta de que la niña también tenía una habilidad especial.

Cursó la primaria en un año, la secundaria en otro y la preparatoria en dos. Estudió psicología y uno de sus propósitos fue romper los estereotipos de los niños prodigio y ayudarlos a adaptarse mejor. Dafne logró ser la psicóloga más joven de México ¡y del mundo!

Actualmente estudia derecho y una maestría en enseñanza de las matemáticas. También es la mexicana más joven en entrar a un posgrado en una de las universidades más prestigiosas del mundo, Harvard.

La lucha de Dafne se dirige a detectar a más niñas prodigio para que puedan recibir la atención y educación que necesitan. También lucha por acabar con los prejuicios sobre los niños genio.

CIRCA 2002

CIUDAD DE MÉXICO

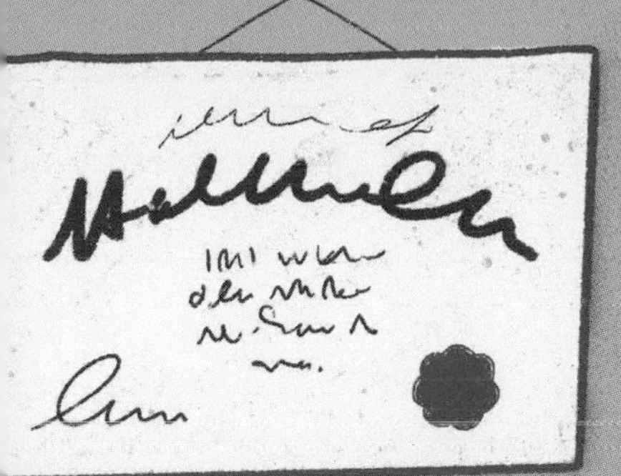

YO QUIERO LLEGAR A TRASCENDER MEDIANTE IDEAS Y PENSAMIENTOS INNOVADORES QUE AYUDEN A SACAR ADELANTE AL PAÍS.
DAFNE ALMAZÁN ANAYA

ILUSTRACIÓN DE
EKATERINA
MAKSABEDIAN

DAFNE GAVIRIA ARCILA

INGENIERA MECÁNICA

La primera vez que Dafne subió a un avión, a los seis años, estaba tan emocionada que empezó a brincar. Desde ese día inició su fascinación por las aeronaves. Se preguntaba: ¿por qué vuelan?, ¿cuánto pesan?, ¿a qué velocidad van?

Como siempre fue muy curiosa, sus padres la llevaban a museos de ciencia y le compraban juegos de experimentos para que aprendiera cómo funcionan las cosas. Conforme fue creciendo, se interesó por la física, las matemáticas y el dibujo. Decidió estudiar la carrera de ingeniería mecánica. Aunque le fascinaban las ciencias, la teoría era muchísima información para ella. Además tuvo que acostumbrarse a trabajar solo con hombres, ya que casi no había mujeres en su profesión. Comenzó a sentirse mejor después de un par de semestres, cuando aplicó los conocimientos que había adquirido a problemas reales. Le atraía en especial el mecanismo de las turbinas, parte de los motores que impulsan al avión.

Años después comenzó un doctorado fuera del país. Continuó estudiando para mejorar el funcionamiento y la seguridad en los aviones de forma sostenible. Gracias a ello, a los treinta y cuatro años fue elegida para obtener la beca Amelia Earhart, que apoya a mujeres de todo el mundo que quieren dedicar sus estudios a la ciencia y la ingeniería enfocadas en el ámbito aeroespacial. Ese reconocimiento le dio el impulso para seguir con su investigación y perseguir el sueño de convertirse en piloto de aviones.

NACIÓ EL 21 DE ENERO DE 1984

CIUDAD DE MÉXICO

ILUSTRACIÓN DE
ELENA CALTZ

ES IMPORTANTE VER CUÁNTO
FALTA PARA LLEGAR A LA META
Y CUÁNTO HAS AVANZADO, PORQUE
ESO TE MOTIVA PARA SEGUIR,
AUNQUE TARDES UN POCO
MÁS QUE OTROS.
DAFNE GAVIRIA ARCILA

DOLORES DEL RÍO

ACTRIZ

Dolores tenía quince años cuando fue a ver un espectáculo de la bailarina Anna Pávlova. Quedó tan impresionada que le pidió a sus padres que la dejaran estudiar danza. Aunque al principio no estuvieron de acuerdo, logró convencerlos y pasó su juventud ganando los aplausos de amigos y conocidos.

En una ocasión, un productor de cine la vio bailar y supo de inmediato que estaba destinada a convertirse en una estrella, así que la invitó a Estados Unidos para filmar películas mudas. Al principio Dolores no estaba segura, pero al final aceptó y comenzó su carrera de actriz.

El talento de Dolores hizo de ella un fenómeno, ¡era la primera mexicana en triunfar en Hollywood! Su rostro aparecía en espectaculares y llegó a ser una diva. Solo que al hacerse mayor, empezó a recibir menos papeles en Estados Unidos y volvió a México. El destino le deparaba una grata sorpresa: fue recibida con todo el entusiasmo del mundo.

Los mejores directores del cine mexicano la buscaron para que protagonizara sus películas y, así como había triunfado en el extranjero, Dolores se convirtió en la actriz más famosa del cine de la Época de Oro: una leyenda para las artes de México.

En Estados Unidos hay una estatua de ella y tiene su estrella en el Paseo de la Fama. Además de su carrera cinematográfica, Dolores se dedicó a promocionar el cine y proteger el patrimonio cultural de nuestro país.

3 DE AGOSTO DE 1905 – 11 DE ABRIL DE 1983

DURANGO

ILUSTRACIÓN DE
ELIZABETH MORENO

YO NO HE TRABAJADO POR
CONSEGUIR LA ADMIRACIÓN
DE LA GENTE; LO QUE A MÍ ME
INTERESA ES EL CARIÑO DEL
PÚBLICO, Y CREO QUE LO HE
CONSEGUIDO. ESA ES MI MAYOR
CONQUISTA.
DOLORES DEL RÍO

DOLORES HUERTA

MAESTRA Y ACTIVISTA

De pequeña, Dolores vivió con su madre, quien administraba un restaurante y un hotel donde hospedaba gratis a los campesinos y sus familias en caso de que lo necesitaran. Ahí conoció de cerca las carencias de los pobladores de su comunidad: trabajaban horas bajo el sol, sin agua potable, inodoros o lugares para descansar. Aunque ellos producían los alimentos, muchas veces no tenían cómo llevar de comer a sus hijos. Además, sufrían maltratos por venir de otro país, tener otras costumbres o por el color de su piel. Dolores pasó experiencias similares en la escuela y aprendió que aquello se llamaba racismo.

Se graduó como maestra y dio clases a niños, pero pronto dejó su trabajo. No soportaba ver el hambre que sufrían ni cómo llegaban descalzos en medio del frío. Pensó que podría ayudarlos más si organizaba a sus padres para conseguir mejores condiciones de vida. Así se involucró con varias organizaciones y fundó una Asociación de Trabajadores Agrícolas.

Durante treinta años, Dolores se dedicó de lleno a defender los derechos de quienes eran discriminados por su origen. Participó en protestas y huelgas, y varias veces fue encarcelada por ello. La llamaban «Mujer Dragón», por sus habilidades para negociar y su carácter enérgico.

Ha sido premiada varias veces por su incansable lucha. Hay escuelas y una fundación con su nombre, que ella creó. Actualmente, a sus noventa años, sigue promoviendo sus ideales en entrevistas, charlas y conferencias.

NACIÓ EL 10 DE ABRIL DE 1930

NUEVO MÉXICO, ESTADOS UNIDOS

NO SOPORTABA VER A LOS HIJOS DE LOS TRABAJADORES AGRÍCOLAS VENIR A CLASES CON HAMBRE Y DESCALZOS. PENSÉ QUE PODRÍA AYUDARLOS MÁS SI ORGANIZABA A LOS TRABAJADORES EN VEZ DE TRATAR DE ENSEÑAR A SUS HIJITOS HAMBRIENTOS.

DOLORES HUERTA

ILUSTRACIÓN DE
KARLA ALCÁZAR

DOROTHY RUIZ MARTÍNEZ

INGENIERA AEROESPACIAL

Cuando Dorothy miraba las estrellas desde la azotea de la casa de sus abuelos, sentía gran curiosidad por el espacio. Tenía ocho años y muchas preguntas, que solo se multiplicaron el día en que pudo ver cómo el transbordador espacial *Challenger* explotaba pocos segundos después de su lanzamiento. ¿Qué había pasado? ¿Por qué se había descompuesto la nave? ¿Qué se podría haber hecho para evitarlo? Nadie de su familia pudo contestar sus interrogantes, así que supo que ella misma debía encontrar las respuestas.

Viajó a Estados Unidos para estudiar, pero como entendía poco el inglés, los profesores la colocaron en un grupo menos avanzado y algunos compañeros se burlaban de ella diciéndole «nopalera». A Dorothy le costaba comunicarse en inglés, pero entendía el idioma universal de las matemáticas y pronto demostró que era una estudiante brillante más allá de la barrera del lenguaje.

Entró a trabajar en la NASA y se volvió una experta en transbordadores espaciales, tanto que era ella quien les explicaba a los astronautas su funcionamiento.

Dorothy es miembro del grupo de especialistas de la NASA que desde la Tierra se encarga de cuidar que las naves espaciales funcionen a la perfección y estén siempre comunicadas con el equipo terrestre. Además, forma parte de un proyecto para mandar nopales a la Luna, porque descubrió que pueden ayudar a limpiar y desinfectar el agua. «Soy orgullosamente nopalera», dice Dorothy con una enorme sonrisa.

TEXAS, ESTADOS UNIDOS

ILUSTRACIÓN DE
ESTEFANÍA VIYELLA

LAS MEXICANAS PODEMOS SER BUENAS EN CUALQUIER COSA, EN COCINAR Y LIMPIAR, PERO TAMBIÉN EN MANDAR COHETES AL ESPACIO.
DOROTHY RUIZ MARTÍNEZ

EDNA LETICIA GONZÁLEZ

BIÓLOGA

Había una vez una joven que amaba la libertad de estar en contacto con la naturaleza. Los fines de semana acampaba con su familia, llena de curiosidad por descubrir cosas nuevas. Su interés y pasión por la fauna y flora silvestres siempre crecían. Lo que no sabía era que lo que ella veía como un gusto se convertiría en una oportunidad para cambiar el mundo.

Edna estudió biología y llegó a ser una gran investigadora. Para ella no hay duda de que ese era su destino. «Mi trabajo es apasionante, porque me permite estar en la naturaleza, tener contacto con la fauna, llegar a sitios donde muy pocos humanos llegan», dice.

Su investigación se ha enfocado en la conservación de unos seres muy peculiares: ¡los anfibios! En particular, las ranas, que están en grave peligro, pues su número disminuye de manera acelerada. Con observación y paciencia el trabajo de Edna ha sido clave para entender estas especies y los factores que las ponen en riesgo.

A diferencia de lo que muchos podrían pensar, quienes se dedican a la ciencia siempre están en contacto con su entorno. Para Edna, fomentar la curiosidad en la infancia y compartir el conocimiento con su comunidad es algo importantísimo.

En 2017 fue ganadora de la beca Mujeres para la Ciencia, otorgada por la Fundación L'Oréal y la Unesco. Edna no ha dejado de luchar por salvar el medio ambiente e impulsar a las futuras investigadoras de este país.

NACIÓ EL 23 DE MAYO DE 1977

PUEBLA

LAS MUJERES TENEMOS UNA PERCEPCIÓN MUY PARTICULAR DEL MUNDO [...] Y POR CONSIGUIENTE NOS PERMITE DAR OTRA VISIÓN Y OTRO ENFOQUE A CÓMO SE HACE CIENCIA.

EDNA LETICIA GONZÁLEZ

ILUSTRACIÓN DE ESTELÍ MEZA

ELENA GARRO

ESCRITORA Y PERIODISTA

En Puebla vivía una niña a la que le encantaba jugar con su hermana en el jardín de su casa. Se subían a los árboles y leían libros de aventuras. También les gustaba meterse bajo la cama y jugar a que iban al que llamaban «el mundo al revés volteado». Ahí cada día era de un color distinto, había criaturas mitológicas a su alrededor y el tiempo parecía durar más.

Un día en la escuela la profesora pidió realizar un escrito. El de Elena fue el mejor, debía leerlo en voz alta, pero antes de hacerlo se escapó por la ventana. Así de inquieta como era, sus padres la metieron a un internado, pero a los pocos meses las monjas la enviaron de regreso a casa.

En la universidad por fin encontró espacios para desarrollar su vocación por la literatura y su tendencia a estar siempre en movimiento: la coreografía y el teatro. Montó algunos espectáculos y tiempo después escribió obras donde mezclaba la realidad con el mundo que había inventado en su infancia. También escribió varios libros de cuentos y novelas. Con uno de ellos ganó el Premio Xavier Villaurrutia, el galardón literario más importante del país.

Debido a su apoyo a las luchas sociales, tuvo problemas con personas en el poder, así que se fue por veinte años al extranjero, con su hija. En ese tiempo publicó dos novelas. Regresó a México casi al final de su vida y sus lectores la recibieron con entusiasmo. En la actualidad, sus libros han vuelto a ser editados y su obra es cada vez más leída.

11 DE DICIEMBRE DE 1916 – 22 DE AGOSTO DE 1998

PUEBLA

EN MIS LIBROS HAY MITAD DE
REALIDAD Y MITAD DE INVENCIÓN.
PORQUE EN LA VIDA REAL UNA
PUEDE DE PRONTO TOPARSE
CON UN ÁNGEL.
ELENA GARRO

ILUSTRACIÓN DE
FÁTIMA RAMOS

ELISA CARRILLO

BAILARINA

Había una vez una niña a la que le encantaba bailar y crear coreografías para su familia. Su nombre era Elisa. A los nueve años ingresó en una de las escuelas más destacadas de México. Ahí estudió y perfeccionó su técnica con ayuda de sus profesores. Un día, con solo catorce años, ganó la medalla de oro del Concurso Nacional de Danza Infantil y Juvenil y una beca para estudiar en Londres.

Elisa tomó sus maletas y, con el apoyo de su familia, se fue a dar lo mejor de ella. Al inicio no fue fácil estar lejos de casa. Ser «diferente» a las demás bailarinas además de practicar todas aquellas horas era agotador. Sin embargo, siempre encontró fuerza en su interior para seguir bailando.

Al terminar sus estudios, una de las compañías más importantes de ballet en el mundo la contrató. Empezó como practicante y poco a poco logró sobresalir para volverse solista. En cada presentación, Elisa encantaba al público. Ya en el Staatsballett Berlín, saltó a la fama con *Blancanieves*. Logró una actuación tan maravillosa que se convirtió en *prima ballerina*.

Ha sido condecorada con muchísimos premios. En 2019 fue galardonada con el Benois de la Danza, ¡el máximo premio mundial del ballet!

Además de ser una de las bailarinas más reconocidas en la escena actual, Elisa es profesora de ballet, embajadora cultural de México, directora de su propia fundación para impulsar el talento mexicano y madre.

NACIÓ EL 31 DE OCTUBRE DE 1981

ESTADO DE MÉXICO

ILUSTRACIÓN DE
HELENA ORTEGA

NADIE ES IGUAL A TI, NI TIENE TU CONTEXTO O HISTORIA PERSONAL, POR ESO MISMO ES RIDÍCULO COMPARARSE O PROYECTARSE EN ALGUIEN MÁS. HAZ LO QUE PUEDAS CON LO QUE POSEES.
ELISA CARRILLO

ELISA MILLER

DIRECTORA DE CINE

Muy pronto, Elisa reconoció su inclinación hacia el arte y las actividades creativas. Siendo niña tuvo su debut cinematográfico como actriz y, desde entonces, supo que amaba estar en el set de grabación y todo lo que ahí ocurría.

Quiso ser escritora, por lo que se inscribió en la licenciatura en letras inglesas, pero al final su pasión por el cine la llamó nuevamente, hasta que optó por cambiarse de carrera y estudiar cine.

Como estudiante, Elisa participó en reconocidos festivales alrededor del mundo y le fue tan bien que ella misma se sorprendió de su éxito: con el cortometraje que grabó para una de sus materias escolares, *Ver llover*, ganó la Palma de Oro en el Festival de Cannes, en Francia, y se convirtió en la primera mexicana en recibir este premio. Más adelante, con el corto que realizó para titularse, *Roma*, obtuvo el Premio García Bross en el Festival Internacional de Cine de Morelia. Y cuando su primer largometraje, *Vete más lejos, Alicia*, se estrenó en la Cineteca Nacional, llegó a ser la película mexicana más vista ese año.

Elisa es un vivo ejemplo de lo que la mujer puede lograr de forma individual y colectiva. En un medio tan competido y complejo como el cine que involucra a tantas personas, no solo ha alcanzado reconocimiento como directora, fotógrafa y productora, sino como maestra, pues ha asesorado y apoyado a otros jóvenes cineastas en la realización de sus películas.

NACIÓ EL 20 DE SEPTIEMBRE DE 1982

CIUDAD DE MÉXICO

LA VOZ FEMENINA FALTA EN TODAS LAS ARTES. ELISA MILLER

ILUSTRACIÓN DE FLAVIA ZORRILLA

ELSA ÁVILA

ALPINISTA

Elsa era una niña que no le tenía miedo a las alturas: amaba las aventuras y deseaba viajar en un cohete a la Luna. Como era muy inquieta, los adultos siempre la regañaban: «No te puedes subir ahí». Cuando a los quince años escaló una pared de roca por primera vez, supo que nunca más haría caso a esas prohibiciones.

Desde entonces, Elsa se ha dedicado a escalar las montañas más altas del mundo, incluido el famoso monte Everest. Cuando aún era muy joven, fue la primera latinoamericana en atreverse a subir muchas de ellas sin ayuda, y se convirtió en una de las mejores en el mundo del alpinismo.

Sin embargo, este a veces puede ser un deporte peligroso y en varias ocasiones Elsa se vio en graves problemas, sola y en lo alto de una montaña. En esos momentos debió tomar decisiones muy rápidas y difíciles para salvar su vida, pero logró hacerlo porque no se permitió entrar en pánico: la calma de la montaña la inspiró para poder serenarse y pensar con claridad. Siempre supo que su meta no era llegar a la cima, sino regresar viva y poder compartir sus experiencias.

Elsa sigue viajando por todo el mundo, pero ya no para escalar montañas, sino para dar pláticas que alientan a otras personas a cumplir sus sueños y enfrentar momentos complicados, como los que ella tuvo que atravesar. También, de vez en cuando, se escapa a la naturaleza en alguna aventura de deporte extremo. ¡Elsa vive cada momento intensamente!

NACIÓ EL 11 DE NOVIEMBRE DE 1963

CIUDAD DE MÉXICO

VIVIR INTENSAMENTE
SIGNIFICA ENTREGARME
EN CADA MOMENTO.
DESPERTAR Y SENTIR
QUE RESPIRO Y ESE
RESPIRO COMPARTIRLO.
ELSA ÁVILA

EMILIA GONZÁLEZ TERCERO

ACTIVISTA

Desde chica, Emilia siempre fue muy crítica. Pronto se vinculó con grupos activistas que buscaban ayudar a personas en condiciones de vulnerabilidad. A eso dedicó toda su vida, a apoyar a los desfavorecidos, como una precursora en la defensa de los derechos humanos en México.

Emilia llevó a cabo todo tipo de luchas, por ejemplo: en 1987 encabezó un grupo de mujeres para impedir la celebración del concurso Miss México en la ciudad de Chihuahua, por considerar que discriminaba a la mujer. Y al año siguiente en esa misma ciudad, emprendió una cruzada contra el Ejército para denunciar prácticas de tortura y abuso de poder. Más tarde en Ciudad Juárez, apoyó a las madres de jóvenes desaparecidas, tanto en la denuncia de los hechos como en la exigencia de respuestas por parte de las autoridades.

Quienes la conocieron dicen que fue una mujer muy valiente: no temía decir lo que pensaba y se enfrentaba a cualquiera si se trataba de terminar con las injusticias. Por estos motivos se convirtió en una figura reconocida en el país.

Además, fue cofundadora de la Comisión de Solidaridad y Defensa de los Derechos Humanos, una de las primeras organizaciones de la sociedad civil en México que de forma independiente al gobierno defiende y apoya a quien lo requiere. En 2014 recibió el Premio Nacional por la Igualdad y la No Discriminación.

Entre homenajes y grandes reconocimientos, recordamos a Emilia, quien falleció en 2016.

CIRCA 1946 – 21 DE OCTUBRE DE 2016

CHIHUAHUA

A MÍ ME GUSTA IMAGINARME COMO ACTIVISTA. CREO QUE ES UN GUSANITO QUE UNA TRAE Y, ENTONCES, TE ASUMES COMO DEFENSORA, ¡PORQUE NO TODOS LOS DEFENSORES SE ASUMEN!
EMILIA GONZÁLEZ TERCERO

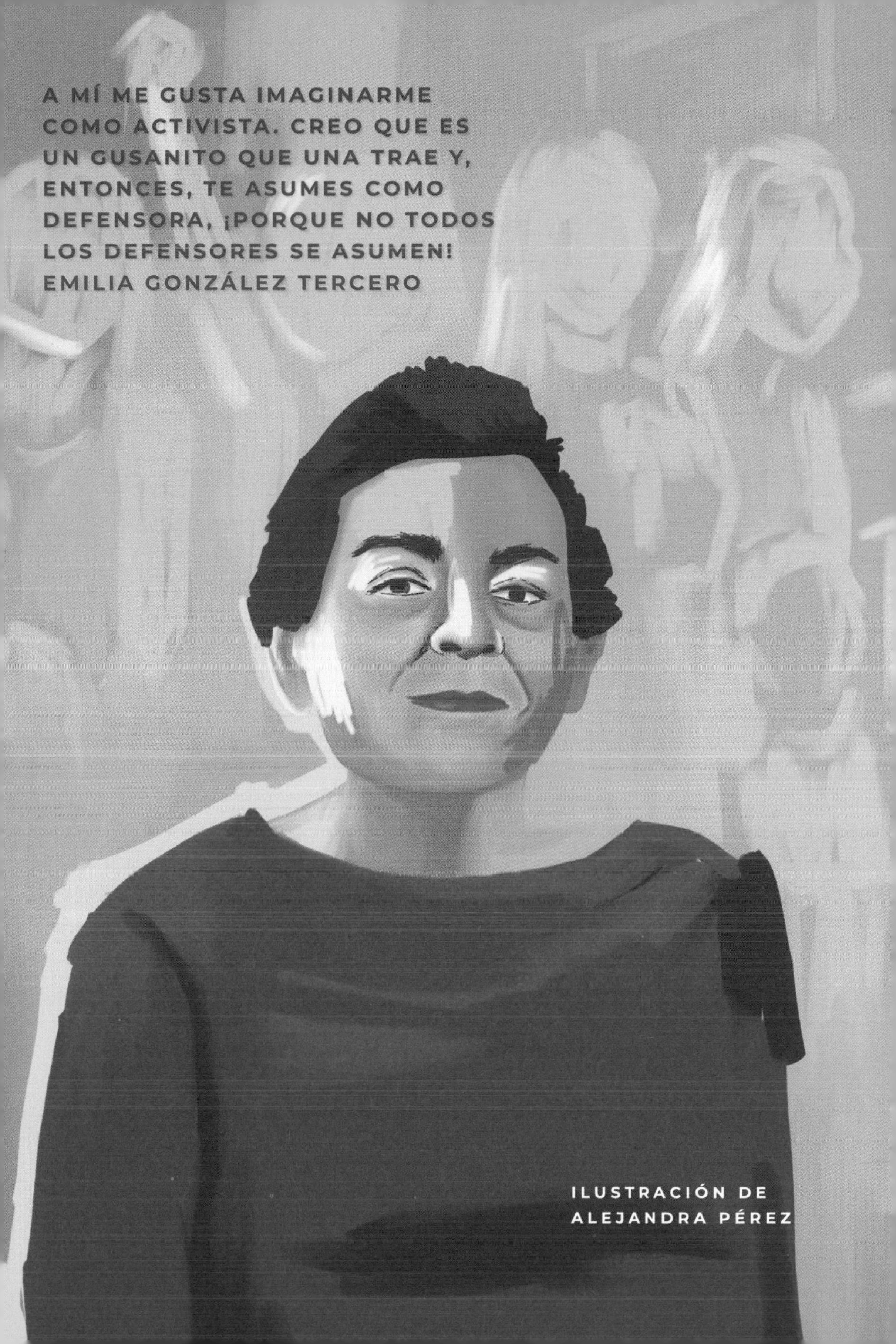

ILUSTRACIÓN DE
ALEJANDRA PÉREZ

ENRIQUETA BASILIO

ATLETA

Queta creyó que había escuchado mal: ella era la atleta elegida para encender el fuego de los Juegos Olímpicos ese año. No podía creerlo. Hasta ese momento, todos los portadores de la antorcha habían sido atletas hombres.

Aquel día, Queta fue citada en el Estadio Universitario, donde un par de funcionarios le dijo: «Corre y simula que esto es una antorcha». Como ella amaba correr y era campeona nacional de carrera con vallas, con alegría le dio una vuelta al inmenso estadio. Los funcionarios se quedaron tan impresionados con su gracia y velocidad que comenzaron a llamarla «La Diosa Alada». Pocos minutos después le dieron la gran noticia.

El día en que se inauguraron los Juegos Olímpicos de México, Queta estaba muy nerviosa. Entró al estadio cargando la antorcha olímpica y tuvo que esquivar a cientos de atletas que invadieron la pista para tomar fotografías. Un grupo de scouts formó una valla hasta las escaleras para que llegara al pebetero. Queta empezó a subir los escalones, que parecían interminables. No veía ni escuchaba nada de tan concentrada que estaba en lograr su objetivo.

Cuando prendió el pebetero, la llama alcanzó varios metros y miles de palomas fueron liberadas para que alzaran el vuelo. Queta volteó hacia el estadio repleto que le aplaudía y vitoreaba, y comprendió: por primera vez en la historia, una mujer había encendido el fuego de unos Juegos Olímpicos, los primeros que se realizaron en América Latina.

15 DE JULIO DE 1948 – 26 DE OCTUBRE DE 2019

BAJA CALIFORNIA

ILUSTRACIÓN DE
ILEANA FLORES

CREO QUE NO SOLAMENTE ENCENDÍ
EL PEBETERO OLÍMPICO, ENCENDÍ
EN EL CORAZÓN DE LAS MUJERES
LA LUCHA POR LA IGUALDAD.
ENRIQUETA BASILIO

ESPERANZA IRIS

CANTANTE Y ACTRIZ

Hace ya algunos años había una pequeña que tenía una voz prodigiosa. Su nombre era María de los Ángeles. Muy chiquita se unió a una compañía de teatro infantil y tomó el nombre artístico de Esperanza Iris.

Su carrera se desarrolló rápidamente. Del teatro pasó a la zarzuela y después a la opereta. Dio conciertos en toda América Latina. También conquistó Europa, donde conoció al mismísimo rey de España. En cada teatro que se presentaba, la gente se desvivía en aplausos. Cuentan las historias que Esperanza Iris siempre andaba entre sombreros de plumas, joyas, paraguas, abanicos... Toda una diva.

Era tanto su talento que fue conocida como «La Reina de la Opereta» o «La Emperatriz de la Gracia». Cuando regresó a México, decidió tener su propio teatro al estilo de los más grandes del mundo, como la Scala de Milán o la Ópera de París. Destinó todo su dinero para la compra y remodelación de un teatro pequeño en la Ciudad de México.

Fue en 1918 cuando se convirtió en la primera mujer dueña de un teatro, al que nombró igual que ella. Por muchos años fue el recinto más importante para la cultura en México. Artistas como el tenor Enrico Caruso o la bailarina Anna Pávlova se presentaron ahí y dieron los más maravillosos espectáculos.

La vida de Esperanza Iris también tuvo momentos difíciles. Sin embargo, su legado de la cultura como un medio de reconciliación social se mantiene vigente hasta nuestros días.

31 DE MARZO DE 1884 – 7 DE NOVIEMBRE DE 1962

TABASCO

NO CONOZCO EL DESCANSO NI EL DESALIENTO; MIS CINCO SENTIDOS ESTUVIERON PUESTOS SIEMPRE EN MI TRABAJO.

ESPERANZA IRIS

ILUSTRACIÓN DE ISABEL AGUIRRE

GABRIELA ETCHEGARAY

ARQUITECTA

Cuando iba a entrar a la universidad, Gabriela no estaba segura de qué profesión elegir. Pensaba que sería buena idea estudiar medicina, pero la arquitectura también le llamaba la atención; entró a esta última carrera con muchas dudas, sin embargo, conforme fue avanzando se dio cuenta de que con la arquitectura podía proponer, cuestionar y trabajar para crear espacios nuevos: casas, edificios, museos, cualquier cosa que se le ocurriera.

Tiempo después fundó junto con Jorge Ambrosi un estudio enfocado en crear lugares atractivos y útiles para quienes los ocupen, siempre en armonía con la naturaleza. Ambos han ganado diversos premios por sus proyectos, entre ellos una fábrica de mezcal en Oaxaca que recolecta agua de lluvia, un diseño circular para la Feria de las Culturas Amigas en la Ciudad de México y la curaduría del pabellón de México en la Bienal de Venecia.

Además, Gabriela fue reconocida en 2016 con el Moira Gemmill de Arquitectura Emergente, parte de los premios Mujeres en la Arquitectura, que se entregan cada año a jóvenes arquitectas. Estos premios destacan el uso de la arquitectura para lograr cambios sociales positivos.

Ahora sigue dedicándose a la arquitectura, que le ha permitido colaborar con gente extraordinaria, ver sus proyectos realizados y observar el mundo con sus estructuras, que para ella son un reflejo de las personas que las habitan y del momento en que viven.

NACIÓ EL 11 DE SEPTIEMBRE DE 1984

CIUDAD DE MÉXICO

ILUSTRACIÓN DE
IURHI PEÑA

LAS EDIFICACIONES TIENEN EL PODER
Y LA RESPONSABILIDAD DE FORMAR
EXPERIENCIAS DE VIDA Y DE INFLUIR EN
EL FUTURO PROPIO DE LA ARQUITECTURA
Y LA CIUDAD.
GABRIELA ETCHEGARAY

GALIA MOSS

VELERISTA

Había una vez una niña llamada Galia que amaba los deportes. Era tan activa que, cuando creció, estudió composición musical y tiempo después tomó los cursos necesarios para convertirse en piloto de aviones. A los veinticuatro años conoció su gran pasión: los veleros. Entró a un curso de navegación y se asombró al enterarse de que estas embarcaciones solo necesitan la fuerza del viento y la de sus tripulantes. Entonces soñó con navegar en un velero ella sola y atravesar el mar.

Se preparó durante siete años: tomó cursos de supervivencia, de primeros auxilios, de reparación de barcos. Para practicar, navegaba como voluntaria y participaba en competencias. Finalmente, Galia adquirió su propio velero, al que bautizó como *Más Mejor*. En el camino tuvo varios obstáculos, ya que un viaje en altamar siempre está lleno de imprevistos: el clima, las tempestades, fallas técnicas. Pero lo logró. En cuarenta y un días hizo el recorrido entre España y México. Fue la primera mexicana y latinoamericana en cruzar el Atlántico en solitario. Además, consiguió que algunas organizaciones donaran casas para familias mexicanas después de su viaje, una por cada milla náutica recorrida.

Actualmente, Galia sigue disfrutando este deporte y da charlas sobre su experiencia. Dice que todo lo ha logrado con disciplina y pasión, además del apoyo de sus seres queridos. Cuando está a solas en el mar, goza de la compañía de los delfines y las hermosas noches repletas de estrellas.

NACIÓ EL 11 DE OCTUBRE DE 1974

CIUDAD DE MÉXICO

ILUSTRACIÓN DE
JIMENA ESTÍBALIZ

EL OCÉANO ME ENSEÑÓ
QUE CUALQUIERA QUE TENGA
UN SUEÑO LO PUEDE CUMPLIR.
GALIA MOSS

GRACIELA ITURBIDE

FOTÓGRAFA

Graciela quería ser directora de cine; sin embargo, muy pronto descubrió que capturar imágenes fijas la inspiraba e impresionaba todavía más y prefirió cambiar de profesión. Durante un año trabajó como asistente de Manuel Álvarez Bravo, su maestro de fotografía en la universidad.

Más adelante, tras ganar experiencia como fotógrafa, Graciela visitó Cuba y Panamá, donde tomó muchísimas fotos. A su regreso a México fue comisionada para documentar a la población indígena. Debido a este trabajo pasó una buena temporada en el desierto de Sonora y en Oaxaca.

La profesión de una fotógrafa tan talentosa requiere viajar muchísimo dentro y fuera del país. Y así ha sido la vida de Graciela, llena de aventuras y movimiento, pues ha andado por todo el mundo: Alemania, India, Madagascar, Hungría, Estados Unidos o Francia. Por si fuera poco, su obra también se ha expuesto en muchísimos sitios y ha sido premiada en varios de ellos; es conocida hasta en Japón.

Con sus fotos, Graciela muestra lugares que los demás no podemos ver, su historia, su memoria. Es experta en capturar rincones del mundo, enfocar sus detalles, revelarlos con curiosidad y contar sus anécdotas ocultas. Es una mujer que ha cultivado con mucho cuidado la sensibilidad para observar.

Actualmente trabaja en el montaje de exposiciones y en la publicación de libros con sus fotografías.

NACIÓ EL 16 DE MAYO DE 1942

CIUDAD DE MÉXICO

ME DI CUENTA DE QUE SE PUEDE
DESCUBRIR UN LUGAR A TRAVÉS DE
SUS PAISAJES, DE SUS SOMBRAS,
DE SUS OBJETOS, Y NO
NECESARIAMENTE A TRAVÉS
DE LOS RETRATOS.
GRACIELA ITURBIDE

HELIA BRAVO HOLLIS

BOTÁNICA

Helia amaba los paseos por la naturaleza con sus padres. Todos los domingos iba a jugar al río y aprovechaba para admirar la colorida vegetación y observaba el cielo lleno de estrellas cuando caía la noche.

Decidió estudiar biología porque sabía que quería dedicar su vida a la naturaleza. En ese entonces eran pocas las mujeres científicas; cuando se convirtió en la primera bióloga titulada de México, escuchó cómo sus compañeros refunfuñaban: «Ash, ya empiezan a meterse las mujeres en la ciencia». Pero Helia demostraría que no ocupaba un lugar que no le perteneciera.

Por su dedicación, pronto la eligieron para formar el herbario de la Universidad Nacional y le encargaron el estudio de las cactáceas, una de las familias de plantas más representativas de México, entre las que se incluyen muchas especies que en su mayoría no existen en ningún otro lugar.

Helia viajó por todo el país para recolectar y fotografiar diferentes tipos de cactáceas. Con todo el material recogido, fundó el Jardín Botánico de la UNAM y se convirtió en una de las especialistas en botánica más importantes del mundo.

Muchas especies de cactáceas fueron nombradas en su honor, con divertidos nombres como *Opuntia heliabravoana* o *Heliabravoa chende*.

En los últimos años de su vida se dedicó a pintar los paisajes que recordaba de su infancia, para que las nuevas generaciones pudieran conocerlos.

30 DE SEPTIEMBRE DE 1901 – 26 DE SEPTIEMBRE DE 2001

CIUDAD DE MÉXICO

EL MOTIVO DE MI VIDA FUE
LA BIOLOGÍA Y LAS CACTÁCEAS.
DEDIQUÉ CASI MIS CIEN AÑOS
A MI CIENCIA PRECIOSA.
HELIA BRAVO HOLLIS

ILUSTRACIÓN DE
KARLA ALCÁZAR

HERMELINDA TIBURCIO

ACTIVISTA

Había una vez una niña que fue testigo de la violencia que vivían las mujeres. En un lugar entre bosques y costa creció Hermelinda, en una comunidad mixteca, na savi.

Sus hermanas se casaron en contra de su voluntad cuando aún eran pequeñas. Hermelinda quería un destino diferente. Por eso, a los once años huyó hacia la capital de la región. Las cosas no fueron sencillas porque ella no hablaba español, pero no hubo nada que pudiera detener a esa niña que pedía justicia para las mujeres.

Creció y estudió psicología y desarrollo comunitario. Empezó a ayudar a las mujeres de la región para que tuvieran control sobre sus cuerpos, lograran un empoderamiento económico que les permitiera tener un poco más de libertad y se previniera la mortalidad materna a causa de malos cuidados o falta de doctores o medicinas.

Para ella es muy importante que las instituciones gubernamentales respeten a las comunidades indígenas y, sobre todo, que protejan a las mujeres. Desafortunadamente, en la región donde vive aún hay matrimonios de niñas en contra de su voluntad. Explica que aunque la ley prohíbe la trata de personas, en algunos pueblos existen matrimonios comprados.

La lucha de Hermelinda ha sido imparable. Aun con todos los peligros que conlleva su trabajo como defensora de derechos humanos y maestra, no tiene miedo de alzar la voz.

NACIÓ EN 1977

GUERRERO

LO QUE ME HA DADO LA FORTALEZA
ES QUE VEO MUCHA INJUSTICIA
HACIA LAS MUJERES.
HERMELINDA TIBURCIO

ILUSTRACIÓN DE
GILDA MEDINA

INÉS ARREDONDO

ESCRITORA

Inés tenía siete hermanos que corrían y peleaban todo el tiempo. Ella prefería encerrarse en su habitación a leer alguno de los volúmenes de la enciclopedia que le había regalado su padre. Aunque tenía apenas ocho años, disfrutaba leerlos de principio a fin.

Su actividad favorita era visitar la hacienda donde vivía su abuelo. Ahí se sentía libre. Era un lugar lleno de árboles y espacios para leer y pensar, que le permitía olvidar los conflictos en casa. Ella deseaba con todas sus fuerzas seguir estudiando, pero sus padres se negaban. Sin embargo, su abuelo la apoyó para entrar a la preparatoria y después a la universidad.

Años después se casó y tuvo varios hijos. Uno de ellos murió y a Inés le entró una gran tristeza que alivió escribiendo. Así surgió su primer cuento. Inés era muy cuidadosa con sus textos: escribía palabras, las tachaba, ponía otras nuevas y a veces recuperaba alguna idea perdida bajo los borrones. Por eso debía tener todo el tiempo y la concentración del mundo para escribir. No lo lograba muy seguido, ya que debía trabajar, cuidar a los niños y atender el hogar.

Aun así encontró la forma de colaborar en varias revistas literarias y periódicos. Fue profesora, investigadora y trabajó en la radio. Además, uno de sus libros ganó el Premio Xavier Villaurrutia. Recibió varios reconocimientos de universidades y en la actualidad es considerada una de las mejores narradoras mexicanas.

20 DE MARZO DE 1928 – 2 DE NOVIEMBRE DE 1989

SINALOA

ILUSTRACIÓN DE
LILI ZÚÑIGA

ESCRIBIR ME AYUDA A VIVIR.
INÉS ARREDONDO

IRAÍS BAUTISTA GUZMÁN

FÍSICA DE PARTÍCULAS

Había una vez una niña que quería entender todo lo que veía a su alrededor. Siempre observaba con atención cualquier cosa que pasaba y terminaba con un millón de preguntas. Lo bueno era que Iraís siempre tenía a alguien con quien contar. Su papá era profesor de matemáticas y aclaraba sus dudas con cariño y paciencia. Además, la animaba a seguir curioseando.

Cuando creció decidió estudiar física, guiada por una experiencia que tuvo en un concurso de la misma materia. ¿Alguna vez te has preguntado de qué están hechos tus libros? Pues, adivina, todo está formado de pequeñas partículas. ¿Te imaginas que las estrellas y tú compartan algo? ¡Así es! Estas partículas conforman todas las cosas que existen. Y esto es lo que estudian los físicos de partículas, como Iraís.

Pasaron los años y, con sus estudios y experiencia, Iraís se convirtió en profesora e investigadora de la universidad donde se formó. Siguió cuestionándolo todo, como de qué estamos hechos o lo que sucedió en los primeros instantes del Big Bang, y ahora trabaja para encontrar estas respuestas. Investiga para conocer qué sucedió en ese entonces y entender cómo se creó todo lo que existe.

Por su creatividad y dedicación, Iraís fue ganadora de la beca Mujeres para la Ciencia, otorgada por la Fundación L'Oréal y la Unesco en 2017. Para ella es esencial transmitir esta pasión a sus alumnos.

CIRCA 1985

PUEBLA

ILUSTRACIÓN DE
LORENA MONDRAGÓN

UNO DEBE CONFIAR EN LAS CAPACIDADES QUE TENEMOS, INDEPENDIENTEMENTE DE SI ERES HOMBRE O MUJER, Y PERSEGUIR LO QUE SE QUIERE SIN IMPORTAR OTROS PUNTOS DE VISTA.
IRAÍS BAUTISTA GUZMÁN

IRENE HERNÁNDEZ DE JESÚS

PRIMERA PRESIDENTA MUNICIPAL

En lo alto de la sierra norte de Oaxaca está Ayutla, un poblado mixe en el que hablan ayuujk, que quiere decir «idioma del bosque», y está habitado desde hace miles de años. Además de humanos ahí viven animales como el armadillo, el tejón y las tortugas de tierra. Hay pinos, helechos, orquídeas y muchos tipos de encinos. En ese paisaje de bosque y bruma nació una niña llamada Irene.

Desde tiempos históricos, Ayutla se ha gobernado por un sistema comunitario. Es decir, todos los habitantes trabajan de alguna forma para la comunidad y no reciben un pago monetario por ello. Aunque ya ha habido mujeres *topiles*, encargadas de vigilar la seguridad pública, y presidentas municipales, hubo una época cuando solo los hombres podían desempeñar ciertos cargos y tomar decisiones. Por fortuna las mujeres sí podían ser dueñas de tierras, por lo que comenzaron a tener participación en las asambleas y obtuvieron el derecho a votar.

En 2007, después de haberse preparado como maestra y de cumplir con varios cargos comunitarios, Irene se convirtió en la primera presidenta municipal de Ayutla y de la región mixe, y con ello en la primera mujer en recibir el bastón de mando. Ser presidenta en el sistema mixe no solo implica lo que imaginamos que hace cualquier presidente; Irene además es responsable de llevar a cabo los rituales tradicionales, como la ofrenda anual en la montaña Anaajëntump, para pedirle a la divinidad del trueno que les traiga prosperidad y que guíe por buen camino a quienes representan a la comunidad.

NACIÓ EL 20 DE OCTUBRE DE 1958

OAXACA

ILUSTRACIÓN DE
DANIELA LADANCÉ

KÄJP TE'N YAKMËTUNP, KA'T KË'MËP NNAYMËTU'UNËN (EL SERVICIO COMUNITARIO ES PARA SERVIR, NO PARA SERVIRSE).
IRENE HERNÁNDEZ DE JESÚS

ISABEL PEDRAZA MORALES

FÍSICA E INVESTIGADORA NUCLEAR

Isabel fue una niña preguntona y decidida. Cuando tenía nueve años y visitaba a su abuela, al caer la noche se quedaba mirando la belleza del cielo alto y despejado, lleno de estrellas y planetas. Pero no solo disfrutaba la vista, también deseaba saber qué eran las estrellas y de qué estaban hechas. Entonces le dijo a su tío: «Yo quiero saber qué hay en las estrellas», y él le respondió: «Si eso quieres, tienes que estudiar física».

Aquel impulso se convirtió en un camino que la llevó a trabajar y estudiar a la vez. A los doce años comenzó a vender dulces entre sus vecinos; ahorró ese dinero y logró abrir una tiendita. Más adelante trabajó como edecán. Y cuando entró a la universidad continuó con un empleo de barista en una discoteca, aunque tenía una beca.

Siempre se sintió atraída por la informática, así que al mismo tiempo que cursaba su carrera de física, estudió ingeniería en computación. ¡Era fascinante!

Fue así como se convirtió en la primera mexicana en formar parte de uno de los mayores proyectos científicos del mundo, el Gran Colisionador de Hadrones. En 2012, cuando se confirmó el descubrimiento del bosón de Higgs, la hazaña más importante de los últimos tiempos en el campo de la física, ella estaba ahí.

En México Isabel ha desarrollado otros grandes proyectos, como un laboratorio de supercómputo. Además, enseña física a chicas y chicos para demostrarles que el acceso al conocimiento del universo es posible.

NACIÓ EL 24 DE JUNIO DE 1979

PUEBLA

ILUSTRACIÓN DE
DANIELA LADANCÉ

APRENDER. ESO ES LO
QUE MÁS DISFRUTO.
ISABEL PEDRAZA MORALES

JESSICA MARJANE DURÁN

ACTIVISTA

Esta es la historia de alguien con un superpoder: la empatía. Jessica creció rodeada de otras mujeres que la inspiraban por su capacidad para superar cualquier adversidad sin importar su naturaleza. Su abuela, de origen otomí, siempre le dio la oportunidad de expresarse con honestidad; su hermana, como deportista, le enseñaba constancia; su tía era ingeniera y ese simple hecho rompía ya con los roles convencionales de género, y su madre, finalmente, era una sobreviviente de violencia doméstica.

Desde muy chica Jessica tuvo que aprender a defenderse de las ofensas tanto físicas como verbales de sus compañeros. Al crecer se enfrentó a miradas de extrañeza que buscaban acorralarla para que cediera ante una identidad que no era la suya y durante su adolescencia inició su transición de género. Gracias al apoyo de su familia nunca se sintió sola y además encontró la fuerza para siempre salir con la frente en alto.

Tras su propia experiencia, fundó el colectivo Red de Juventudes Trans México, que propone acciones en materia de educación, salud, identidad y políticas públicas para las juventudes transgénero.

Su activismo la llevó a participar en la reforma de un artículo del código civil de la Ciudad de México. Ahí se establece que se puede solicitar una nueva acta de nacimiento que reconozca una identidad que puede corresponder o no con la de nacimiento. Esto significó un avance para reconocer a la gente trans como ciudadanos que merecen los mismos derechos.

CIRCA 1993

HIDALGO

NO TIENES POR QUÉ ESCONDERTE
PARA SER QUIEN ERES.
JESSICA MARJANE DURÁN

ILUSTRACIÓN DE
LILI ZÚÑIGA

JOSEFA ORTIZ DE DOMÍNGUEZ

INDEPENDENTISTA

En la Nueva España las mujeres tenían poca libertad. De ellas se esperaba que fueran esposas y amas de casa, damas sumisas y calladas que únicamente dijeran lo que se les pedía. Sin embargo, Josefa no era así y desde muy joven destacó por ser una mujer lista y directa que no temía decir lo que pensaba.

Logró entrar a una escuela muy prestigiosa por iniciativa propia, aprendió a leer y escribir, y a disfrutar la filosofía y la política. Muchos la consideraban una rebelde, pero ella prefería verse como una mujer moderna, capaz de transformar la sociedad en la que vivía.

En su juventud se casó con el corregidor de Querétaro, pero no se limitó a ser la esposa de un funcionario: comenzó a tomar decisiones para mejorar la vida en su ciudad. Protegía a los más pobres y a los mestizos —que eran víctimas de discriminación—, y se dio cuenta de que el verdadero problema estaba en el gobierno de la Nueva España.

Entonces sí se convirtió en toda una rebelde. En su casa organizaba fiestas, que en realidad eran juntas en las que se planeaba terminar con el gobierno español y hacer de México un país independiente. Se dice que ella convenció al cura Miguel Hidalgo de unirse a la causa y que se encargaba de coordinar a los demás insurgentes.

Así, Josefa llegó a ser la gran conspiradora de Querétaro, y gracias a sus esfuerzos e ideas fue posible alcanzar la independencia de México.

8 DE SEPTIEMBRE DE 1768 – 2 DE MARZO DE 1829

MICHOACÁN

TANTOS SOLDADOS PARA
CUSTODIAR A UNA POBRE MUJER,
PERO YO CON MI SANGRE LE
FORMARÉ UN PATRIMONIO
A MIS HIJOS.

JOSEFA ORTIZ DE DOMÍNGUEZ

ILUSTRACIÓN DE
CAROLINA MONTERRUBIO

JOSEFINA VICENS

ESCRITORA Y CRONISTA

Hace tiempo, a una niña llamada Josefina le gustaba jugar en la calle con sus amigos, subir a los árboles y echar carreritas. En esa época era mal visto que las niñas fueran tan inquietas, pero ella siempre hacía lo que más disfrutaba. Un día se coló a la Plaza México para ver una corrida de toros y se volvió aficionada a la fiesta taurina. Le gustaba tanto que deseaba escribir crónicas sobre lo que veía y pensaba en esos momentos.

Josefina dejó la escuela a los catorce años para trabajar como secretaria y ayudar a su familia. Aun así siempre estudió por su cuenta. Para publicar sus crónicas fundó con un amigo su propia revista: *Torerías*. Ella firmaba con el nombre de Pepe Faroles. Sus opiniones eran muy inteligentes y controvertidas. Un día un lector fue a reclamarle por uno de sus escritos y Josefina salió de su oficina a enfrentarlo. Entonces todos descubrieron su verdadera identidad.

Tiempo después tuvo la oportunidad de elaborar el guion para una película. El equipo de producción se asombró con su talento para escribir. Ella realizó más de veinte guiones, dos de los cuales obtuvieron premios de la Academia Mexicana de Ciencias y Artes Cinematográficas. Sin dejar nunca de trabajar como oficinista, también escribió una novela. Se llamaba *El libro vacío* y deslumbró al medio literario con su estilo lúcido y preciso. Con esta obra, Josefina obtuvo el Premio Xavier Villaurrutia, el más importante para libros publicados en México.

23 DE NOVIEMBRE DE 1911 – 22 DE NOVIEMBRE DE 1988

TABASCO

ILUSTRACIÓN DE
MANU E.

LOS GUIONES NO SE ESCRIBEN
NI CON LAS FALDAS NI CON
LOS PANTALONES, SINO
CON LA INTELIGENCIA,
Y ESTA NO TIENE SEXO.
JOSEFINA VICENS

JUANA LÓPEZ GARCÍA

ETNÓLOGA Y PROMOTORA CULTURAL

Juana creció en una comunidad llamada Teotongo, en Oaxaca. Ahí habitan los chocholtecas, que se autonombran *runixa ngiigua*, «los que hablan el idioma». Es una zona árida a la que es difícil llegar. En aquella época sus pobladores subsistían cultivando sus propios alimentos y produciendo artesanías. Debido a estas duras condiciones, muchos salían a buscar mejores oportunidades, como lo hizo Juana.

Se fue muy joven a vivir a la Ciudad de México. Se empleó en talleres y fábricas de costura, al tiempo que estudiaba. Después cursó la carrera de etnología. Trabajó por una temporada como maestra, hasta que decidió volver a Teotongo.

Juana estaba interesada en apoyar el conocimiento de su cultura, su vestimenta y la medicina tradicional. También quería impulsar el uso de la lengua chocholteca, ya que cada vez eran menos quienes la hablaban. La gente prefería el español.

Era tanto su afán por ayudar a su pueblo que se postuló y fue elegida presidenta municipal a los cuarenta y dos años. Varios pobladores se opusieron a su mandato por ser mujer. Una vez tomaron la presidencia y no la dejaron entrar durante varios días. También la amenazaron e intentaron secuestrarla.

Después de su periodo de gobierno, Juana se dedicó a ser promotora cultural. Durante el resto de su vida coordinó y fue instructora de los talleres comunitarios en los que los ancianos de la comunidad enseñaban la lengua y las tradiciones a niñas y niños.

30 DE ENERO DE 1947 – 19 DE JULIO DE 2014

OAXACA

LAS MUJERES SABEMOS QUE SABEMOS, LA IGNORANCIA NO HACE PARTE DE NUESTRAS TRADICIONES.

JUANA LÓPEZ GARCÍA

ILUSTRACIÓN DE ALEJANDRA PÉREZ

JULIETA FIERRO

ASTRÓNOMA

Julieta quería ser trapecista y vivía en una casa llena de libros. Le encantaba ver ilustraciones y que su papá le platicara sobre la naturaleza. Tenía un hermano con problemas de aprendizaje al que adoraba y, como ella quería que él también aprendiera de todo, se hizo muy buena para explicarles a otros.

Julieta decidió estudiar astronomía, porque siempre se había preguntado qué secretos ocultaba el cielo estrellado. Se convirtió en científica y profesora, pero no solo eso: por su habilidad para explicar las cosas de manera sencilla comenzaron a invitarla a dar conferencias sobre ciencia por todo el mundo.

Como no quería aburrir a nadie y como nunca dejó de amar el circo, la actuación, la música y la danza, decidió utilizar todos esos recursos para dictar sus conferencias científicas. En ellas se asegura de hacer demostraciones, invita al público a participar y le encanta que le hagan preguntas. Cuando la ciencia se pone densa, interrumpe la explicación ¡y empieza el baile! La gente sale fascinada por las cosas que aprende. ¡Pocas veces las personas se divierten tanto en una conferencia científica!

Julieta ha escrito muchos libros y participado en cientos de programas de radio, en los que entrevista a científicos o platica sobre sus investigaciones.

Ahora escribe una autobiografía que dedicará a su nieto y sus sobrinos para que, cuando se pregunten «¿Por qué Julieta es la *rockstar* de las ciencias?», sepan la razón.

NACIÓ EL 24 DE FEBRERO DE 1948

CIUDAD DE MÉXICO

ILUSTRACIÓN DE
MARA GARCÍA TERUEL

ME ENAMORÉ Y TENGO UN ROMANCE CON LAS ESTRELLAS. LLEVO MÁS DE CINCUENTA AÑOS CON ESE ROMANCE.

JULIETA FIERRO

JUMKO OGATA AGUILAR

ACTIVISTA

Cuando Jumko se fue a vivir a la Ciudad de México para estudiar la licenciatura, empezó a recibir comentarios de parte de sus compañeros que no sabía cómo interpretar: «¿De dónde eres? Te ves muy exótica». Ahí se dio cuenta de que, como había crecido con gente parecida a ella, nunca se había percatado de que algunos de sus rasgos físicos, como su color de piel y su cabello, podían llamar la atención.

Comenzó la carrera de estudios latinoamericanos y ahí aprendió acerca de la esclavitud africana. ¡Claro! Esa era la forma en que habían entrado sus ancestros al país. Así definió su identidad como afromexicana. Buscando conocer más de sus orígenes, decidió investigar sobre su abuelo japonés. Fue al Archivo General de la Nación, donde encontró la cédula de identidad de su abuelo y su foto. Era la primera vez que lo veía. La emoción que sintió en ese momento hizo que optara por definirse también como japonesa.

Comprendió que no era casualidad que ella no supiera antes de sus orígenes y que no le hubieran hablado al respecto antes de entrar a la universidad. Todo estaba relacionado: la omisión de ciertas historias en los libros y los gestos que la gente tenía de vez en cuando con ella venían del racismo. Entonces se definió también como antirracista: quería recuperar y reivindicar sus identidades, e identificar estas omisiones y miradas despectivas sobre los otros.

Actualmente, Jumko sigue estudiando la carrera en la UNAM y divulga sus posturas antirracistas en redes sociales, textos y charlas.

NACIÓ EL 23 DE JULIO DE 1996

VERACRUZ

ILUSTRACIÓN DE
ELENA CALTZ

LA «RAZA» NO ES ALGO CON LO QUE NACEMOS. NOS LO ASIGNAN LAS MIRADAS AJENAS A TRAVÉS DE NUESTRA PIEL, NUESTRO CABELLO, NUESTRO NOMBRE; ES UNA COMBINACIÓN ARBITRARIA DE CARACTERÍSTICAS FÍSICAS Y CULTURALES.
JUMKO OGATA AGUILAR

KATY JURADO

ACTRIZ

Había una vez una niña que soñaba con ser actriz. Se llamaba María Cristina Estela Marcela. Mantuvo su sueño firme y, aunque su familia no estaba convencida, Katy, como sería llamada después, firmó su primer contrato a escondidas con solo dieciséis años.

Su belleza y carácter fuerte comenzaron a dar de qué hablar en el cine mexicano. *No matarás* fue su primera película y alcanzó la fama con su participación en *Nosotros los pobres*.

Como no solo era actriz sino también columnista de cine, periodista en la radio y crítica taurina, andaba por todos lados. Un día en una corrida de toros conoció a un director de cine estadounidense que la invitó a participar en una película. Katy, sin saber mucho inglés, logró memorizar sus líneas. Su desempeño llamó la atención de más directores y, en 1952, participó en la película *High Noon*. Su actuación fue tan asombrosa que ganó un Globo de Oro como mejor actriz de reparto.

Las películas y los premios siguieron llegando. En 1954, ¡su participación en *Broken Lance* la convirtió en la primera mexicana en ser nominada al Óscar como mejor actriz de reparto!

Katy actuó en más de cincuenta películas a lo largo de su vida. Su talento innato y su compromiso con el trabajo fueron los ingredientes para obtener esas grandes oportunidades. Así logró abrir el camino para las futuras actrices mexicanas en la industria hollywoodense.

16 DE ENERO DE 1924 – 5 DE JULIO DE 2002

JALISCO

ME CONSIDERO UNA MUJER AFORTUNADA POR TENER LO QUE TENGO Y CONSTE QUE NO HABLO DE COSAS MATERIALES, SINO DE LAS PERSONAS QUE ME RODEAN.

KATY JURADO

ILUSTRACIÓN DE BRENDA DUMAS

LAS PATRONAS

ACTIVISTAS

Un día, Bernarda y Rosa caminaban al costado de las vías del tren con una bolsa de pan y una caja de leche que acababan de comprar. De pronto oyeron el silbido que anunciaba la llegada del tren de carga, conocido como «La Bestia». Se detuvieron a verlo pasar. Las sorprendió un grito: «¡Tenemos hambre!». Quienes les hablaban eran varios hombres montados en uno de los vagones. Las niñas, sin dudarlo un segundo, les acercaron la comida que traían en las manos.

Cuando volvieron a casa le contaron todo a Leonila, su mamá. Creían que las regañaría por volver sin el desayuno de la familia. En cambio, ella les dijo: «¿Qué les parece si hacemos unos *lonchecitos* para esas personas?». Las niñas estuvieron de acuerdo. Sus hermanas, Antonia y Norma, escucharon la conversación y también quisieron ayudar. Poco después se unieron varias mujeres de la comunidad. El grupo recibió el nombre de Las Patronas.

Comenzaron haciendo treinta paquetes, pero con el tiempo aparecían más y más personas en el tren: familias completas buscando oportunidades de trabajo para huir de la violencia en sus países de origen. Así que empezaron a recibir donaciones y ayuda de voluntarios. Gracias al entusiasmo de la gente, lograron abrir un albergue donde los viajeros pueden reponer fuerzas para seguir su trayecto.

Las Patronas llevan más de veinte años preparando cientos de comidas al día. Además han recorrido el país y el mundo, compartiendo su experiencia y defendiendo los derechos de los migrantes.

DESDE 1994

VERACRUZ

TODA LA GENTE QUE ESTÁ
VIAJANDO LLEVA EN LA MOCHILA
NO SOLAMENTE ROPA, TAMBIÉN
LLEVA EL DOLOR DE DEJAR A SUS
FAMILIAS Y A SU PAÍS.
LAS PATRONAS

ILUSTRACIÓN DE
DANIELA MARTÍN DEL CAMPO

LAUREANA WRIGHT

ESCRITORA Y FEMINISTA

A Laureana sus padres le inculcaron el gusto por la lectura y el estudio, y ella, por su parte, demostró una gran inclinación y talento para ello, a tal grado que con el tiempo se volvió una escritora famosa y una de las primeras feministas en México.

Desde chica aprendió a hablar español, inglés y francés; esto le permitió tener acceso a otras ideas y libros más allá de su entorno inmediato, así como convertirse en una de las primeras personas en reconocer la importancia de mejorar la vida de las mujeres dentro de la sociedad. Por eso fundó su propia revista feminista, en la cual propuso el voto para la mujer y la igualdad de derechos para ambos sexos.

Su trabajo periodístico y sus escritos fueron revolucionarios para la época. Además, era imparable: creó un semanario dedicado a la cultura de la mujer mexicana, redactó ensayos con los que convocó a las propias mujeres a que cuestionaran sus condiciones de vida y el papel que los demás les imponían, y editó un libro sobre las biografías de las mexicanas distinguidas de ese entonces. Ella quería inspirar y liberar a todas las mujeres del país.

Aunque Laureana era amiga de Delfina Ortega, esposa del presidente Porfirio Díaz, la amenazaron con expulsarla del país si continuaba publicando críticas a las políticas del gobierno. Esto no le importó, ella también era defensora de los derechos laborales y la educación infantil.

4 DE JULIO DE 1846 – 22 DE SEPTIEMBRE DE 1896

GUERRERO

ILUSTRACIÓN DE
MARICARMEN ZAPATERO

SIN NOSOTRAS NO HAY
PROGRESO POSIBLE.
LAUREANA WRIGHT

LEONA VICARIO

INDEPENDENTISTA Y PERIODISTA

Había una vez una niña llamada Leona que nació cuando México era una colonia del Imperio español. Gracias a su familia recibió una educación muy completa, que en esa época era inaccesible para las mujeres. Siempre le gustó estudiar y escribir. Fue una de las primeras personas en unirse al movimiento independentista, que buscaba que el país se separara de la corona española. Perteneció a la agrupación Los Guadalupes, donde su participación fue esencial: reclutó a jóvenes para la lucha armada, envió dinero y medicinas, y dio cobijo a fugitivos. Para apoyar el movimiento, vendió sus joyas y algunas propiedades; con lo que obtuvo pagó la fabricación de cañones y municiones.

Ella también se encargaba de entregar mensajes secretos a los miembros del grupo. Un día una de sus cartas fue interceptada. El gobierno imperial la encerró en un convento. Ahí la interrogaron y las autoridades le mostraron pruebas que la incriminaban en delitos de traición. Pero ella nunca reveló los nombres de sus contactos, sus planes o ubicaciones. Unos días después recibió en su celda la visita de tres oficiales que eran en realidad sus amigos y la ayudaron a escapar. Aunque tuvo que esconderse por varios años, siguió apoyando la causa insurgente. Cuando terminó la lucha armada, el Congreso de la República la nombró «La Mujer Fuerte de la Independencia».

Leona siguió escribiendo y publicando sus opiniones en los periódicos. También participaba en reuniones literarias y políticas.

10 DE ABRIL DE 1789 – 21 DE AGOSTO DE 1842

CIUDAD DE MÉXICO

NO SOLO EL AMOR ES EL MÓVIL
DE LAS ACCIONES DE LAS MUJERES.
SOMOS CAPACES DE TODOS LOS
ENTUSIASMOS Y LOS DESEOS DE
GLORIA Y DE LIBERTAD DE LA
PATRIA.
LEONA VICARIO

ILUSTRACIÓN DE
MIRANDA ROSALES

LEONARDA EMILIA MARTÍNEZ «LA CARAMBADA»

BANDOLERA

Había una vez una joven que se volvió un mito en la ciudad de Querétaro. Su nombre era Leonarda y vivía en un pueblito llamado La Punta. Era bajita, de pelo y ojos negros, y tenía una cicatriz en la mejilla izquierda. Vivaracha, altanera y experta en montar a caballo, sabía engañar y asustar a las personas para conseguir lo que quería. Por eso se dedicaba, junto con algunos hombres del pueblo, a asaltar los caminos. Los viajeros temían tanto encontrarla que, cuando alguien hacía un comentario sobre ella, solía terminarlo con una expresión de la época para mostrar sorpresa o miedo: «¡Caramba!». Así se ganó el apodo de «La Carambada». Un día durante una de sus correrías fue apresada y la mandaron fusilar. Después de varios disparos, todavía estaba con vida. Entonces pidió un sacerdote para confesarse. Ahí empieza la parte ficticia de su historia.

Tiempo después, un novelista de nombre Joel Verdeja Soussa escribió un libro que hizo de esta mujer una leyenda. Según esta, Leonarda se confesó ante el sacerdote y le contó que estuvo enamorada de un militar al que enviaron al paredón. Ella, desesperada, pidió clemencia al presidente Benito Juárez, pero no obtuvo el perdón. Por eso, dice la novela, Leonarda consiguió una hierba llamada veintiunilla, con la cual envenenó al presidente. Aunque la historia es totalmente imaginada, se cuenta todavía en las calles de Querétaro, en las rutas turísticas y en algunas crónicas, mezclando realidad y fantasía.

CIRCA 1842

QUERÉTARO

ILUSTRACIÓN DE
MAREMOTO

LILA DOWNS

CANTAUTORA Y ANTROPÓLOGA

Lila tenía ocho años la primera vez que fue testigo de la Guelaguetza, una festividad oaxaqueña en la que se bailan todas las danzas de los pueblos indígenas con la indumentaria de cada región. Eso la marcó: desde entonces supo que su pasión sería cantar y bailar.

Su mamá, que era cantante de música popular mexicana, estaba preocupada por el futuro de Lila. No quería que su hija siguiera su camino porque sabía que era un oficio mal pagado, así que le insistió para que estudiara ópera. Pero Lila pronto se desencantó del ambiente rígido de los cantantes de ópera.

Durante un tiempo se sintió perdida: de día trabajaba en una tienda de refacciones y por la noche cantaba en bares. En uno de sus recitales conoció a un músico estadounidense llamado Paul. Lila y él comenzaron a colaborar y terminaron enamorados. Paul componía, acompañaba y arreglaba las canciones que Lila interpretaba con su magnífica voz. Juntos hicieron un proyecto magnífico que reivindica las raíces mexicanas, así como la música regional de Oaxaca.

Además de cantar en español e inglés, Lila interpreta melodías en diversos idiomas nativos de México, como mixteco, zapoteco, maya, purépecha y náhuatl.

Lila se convirtió en una cantante reconocida en todo el mundo y con su fama asiste a fundaciones que apoyan a jóvenes oaxaqueñas en sus estudios, para que puedan tener la oportunidad de cumplir sus sueños, como ella lo hizo.

NACIÓ EL 9 DE SEPTIEMBRE DE 1968

OAXACA

ILUSTRACIÓN DE
MÓNICA QUANT

ME GUSTA CANTARLES A LOS
QUE CAEN Y LUEGO SE LEVANTAN,
A LA CUMBIA AGUERRIDA Y A
LAS RANCHERAS EN DONDE SE
ENCUENTRA MI CORAZÓN.
LILA DOWNS

MARCELINA BAUTISTA

ACTIVISTA

Marcelina fue la tercera hija de doce hermanos y nació en una comunidad muy pobre de Oaxaca. Todavía chica, a los catorce años, la trajeron a la Ciudad de México para que trabajara como empleada doméstica. En ese entonces ella solo hablaba mixteco y esto la expuso a muchas burlas y abusos. La situación la obligó a aprender español.

Durante el tiempo que fue trabajadora del hogar, pudo reconocer la injusticia a la que se le sometía junto con muchas otras mujeres que estaban en la misma situación: sus labores nunca terminaban, le pagaban muy poco, la maltrataban, no reconocían su esfuerzo ni sus derechos, y todo empeoraba porque ella era una niña que venía de una comunidad indígena. Por eso, a los diecisiete años empezó a estudiar derecho en sus ratos libres. Deseaba defender a todas las trabajadoras domésticas.

En el año 2000 fundó el Centro de Apoyo y Capacitación para Empleadas del Hogar, que promueve los derechos humanos y laborales de quienes ejercen el trabajo doméstico. Tras quince años de lucha, ayudó a conformar un sindicato que siguiera cuidando a dichas trabajadoras.

Su activismo ha trascendido las fronteras: ha viajado a Latinoamérica y Europa como asesora para establecer acuerdos sobre el trabajo decente. También ha recibido muchos reconocimientos y premios. Su historia es la de una mujer que, tras identificar una situación injusta, se preparó para lograr un cambio positivo que no solo la beneficiara a ella, sino a muchas más.

NACIÓ EL 25 DE ABRIL DE 1966

OAXACA

YO NO ERA LA ÚNICA EN
DESVENTAJA EN ESTE TRABAJO Y
EL PROBLEMA NO SOLO ERA MÍO,
ASÍ QUE ME EMPECÉ A PREPARAR
EN EL TERRENO DE LA LUCHA PARA
RECUPERAR MI AUTOESTIMA Y
REVALORIZAR MI TRABAJO.
MARCELINA BAUTISTA
ILUSTRACIÓN DE
CARMEN GUTIÉRREZ

MARGARITA CHORNÉ Y SALAZAR

DENTISTA

Había una vez una niña que creció en las calles del centro de la Ciudad de México. Margarita disfrutaba pasar horas en la biblioteca de su papá, quien se dedicaba a la orfebrería y la «dentistería», como les decían a los dentistas en aquella época.

Margarita fue creciendo y su curiosidad por el oficio de su padre aumentó. En un principio le ayudaba a llevar el registro de los pacientes. Después se fue encargando de mantener limpio el material de trabajo y, finalmente, se volvió su ayudante.

Era tanto el interés de Margarita y el conocimiento que había adquirido a lo largo de los años que decidió que a eso se quería dedicar toda la vida de manera profesional. Al principio no fue una idea que le encantara a sus papás, porque esperaban que se casara y tuviera una familia. Pero su papá cedió y decidió apoyarla. Como entonces no había universidades que dieran clases para esto, Margarita encontró a un dentista que la acogió y terminó de enseñarle todo lo relacionado con el mundo de los dientes.

El 18 de enero de 1886, Margarita se convirtió en la primera profesionista dentista de México ¡y de América Latina! Con esto logró abrir camino para que las mujeres tuvieran la oportunidad de estudiar y ejercer una profesión.

22 DE FEBRERO DE 1864 – 2 DE ABRIL DE 1962

CIUDAD DE MÉXICO

ILUSTRACIÓN DE
PAM MEDINA

MARGARITA DALTON

HISTORIADORA Y ACTIVISTA

Margarita comenzó a leer y a escribir desde muy pequeña. Estas actividades la llevaban a plantearse otras formas de ver el mundo. A los trece años les enseñó lo que sabía a las empleadas de limpieza de casas vecinas. Disfrutó tanto la experiencia que, a los dieciocho, no dudó en formar parte de las campañas de alfabetización en Cuba. Pese a la oposición de su familia viajó a aquel país. Cuando llegó le dieron el material para trabajar. Sus compañeros maestros y ella iban con lo mínimo, no podían cargar más, ya que se internarían en poblados remotos. Las clases eran de noche, a la luz de una vela. Tras pasar un año enseñando, se quedó en Cuba para estudiar historia en la universidad. Tiempo después volvió a México, donde se dedicó a escribir libros y artículos literarios y académicos.

A los treinta y cuatro años se integró a un grupo de estudios sobre la mujer en la Universidad Autónoma Benito Juárez de Oaxaca. Varios años más tarde, junto con sus compañeras, fundó la Casa de la Mujer, un refugio para aquellas que habían sufrido violencia. Fue el primero en todo el país y a la fecha el espacio sigue abierto. De ese grupo salió también un fondo de becas que otorga apoyos para que jóvenes de escasos recursos puedan estudiar.

Actualmente, Margarita trabaja como profesora e investigadora, pertenece a varias agrupaciones feministas, sigue escribiendo y dando charlas sobre la mujer y su papel en la historia, la política y la literatura.

NACIÓ EL 23 DE ENERO DE 1943

CIUDAD DE MÉXICO

UNA VEZ ADQUIRIDA LA CONSCIENCIA, ES IRREVERSIBLE.

MARGARITA DALTON

ILUSTRACIÓN DE
PATRICIA BARRÓN

MARÍA ANTONIETA RIVAS MERCADO

ARTISTA, PROMOTORA Y ACTIVISTA

El amor por la cultura acompañó a María Antonieta desde su infancia. Tuvo una educación privilegiada con énfasis en las bellas artes. Sabía hablar varios idiomas y le encantaba bailar, incluso pensó en ser bailarina en la ópera de París.

Era una mujer inquieta y con enorme talento. Dedicó su vida a apoyar las artes mexicanas, así que fundó teatros, promovió a escritores y organizó un patronato para la creación de la Orquesta Sinfónica Mexicana. Formó parte de los grupos intelectuales más influyentes de su época, por sus escritos periodísticos y literarios también fue conocida como una activista que defendía el derecho de las mujeres y criticaba sin temor los abusos del gobierno, aun si eso la ponía en peligro.

Todos la conocían y respetaban como una de las mentes más brillantes; su apoyo constante a las artes trazó los caminos para el desarrollo cultural del país. Además, en un momento de su vida, se involucró en actividades políticas al financiar la campaña presidencial de José Vasconcelos, quien le había prometido instituir el voto de la mujer. Antonieta era una conocedora de la historia de las sufragistas inglesas y estadounidenses, y estaba convencida de que las mexicanas también debían tener acceso al voto. Dejó un claro precedente del panorama que se esperaba de la política nacional.

28 DE ABRIL DE 1900 – 11 DE FEBRERO DE 1931

CIUDAD DE MÉXICO

ES PRECISO, SOBRE TODO PARA LA MUJER MEXICANA, AMPLIAR SU HORIZONTE.

MARÍA ANTONIETA RIVAS MERCADO

ILUSTRACIÓN DE PAULINA MÁRQUEZ

MARÍA DEL CARMEN MONDRAGÓN

PINTORA Y POETA

Carmen nunca fue una niña convencional. Desde muy pequeña aprendió a escribir y a tocar el piano, así que sus padres pensaron que también debía estudiar danza, pintura, literatura y teatro.

Pero Carmen era tan talentosa como rebelde y, antes de cumplir veinte años, se marchó lejos de su familia. Cruzó varias veces los mares y se hizo amiga de muchos de los pintores más interesantes de su época. Ella misma comenzó a pintar y escribir poesía, y a ser reconocida como artista.

Hacía hermosos autorretratos, en los que muchas veces se pintaba desnuda. Carmen se sentía muy orgullosa y cómoda con su físico, porque sabía que nada de nuestro cuerpo tendría por qué causarnos vergüenza. Ese era también uno de sus temas favoritos cuando escribía poesía.

Carmen fue además modelo de pintores y fotógrafos, y formó parte de grupos de mujeres que buscaban que todas las personas tuvieran los mismos derechos sin importar su género.

Tenía ideas muy progresistas para su época y mostraba siempre una actitud provocadora. Los artistas hombres se sentían intimidados por ella, porque no estaban acostumbrados a tratar con mujeres tan independientes y seguras de sí mismas.

Llegó un momento en que necesitó reinventarse a sí misma y adoptó el nombre de Nahui Ollin, que significa «eterno movimiento», muy adecuado para una mujer extraordinaria que jamás dejó de crear e inspirar a todos los que la conocieron.

8 DE JULIO DE 1893 – 23 DE ENERO DE 1978

CIUDAD DE MÉXICO

SOY UNA LLAMA QUE SE DEVORA A SÍ MISMA Y NADA PUEDE EXTINGUIRLA.

MARÍA DEL CARMEN MONDRAGÓN

ILUSTRACIÓN DE CARAMBA, ESTEFANÍA!

MARÍA DEL SOL GARCÍA ORTEGÓN

CIRUJANA CARDIACA

Había una vez una niña que creció sabiendo que se convertiría en doctora. Todo empezó cuando sus papás le regalaron un estetoscopio de juguete y un microscopio con el que observó por primera vez los glóbulos rojos que corren por la sangre. Desde ese momento nació una curiosidad que crecería con los años.

María del Sol ingresó a la Facultad de Medicina. Cuando entró a la residencia comenzó a asistir a otros cirujanos, hasta que llegó el día en que realizó su primera cirugía completamente sola.

Siguió entrenándose como cirujana general en el Hospital Central de la Cruz Roja Mexicana, donde reafirmó que lo que a ella le interesaba era la cirugía de tórax. Entonces estudió para ser cirujana de corazón en el Centro Médico 20 de Noviembre.

María del Sol nunca dejó de capacitarse y llegó a ser una cirujana certificada por el Consejo Nacional de Cirugía de Tórax, además de que fue la primera mujer en México y América Latina calificada para realizar cirugía robótica cardiovascular.

Por su trabajo y dedicación, María del Sol se convirtió en la primera cirujana en realizar un trasplante de corazón del todo exitoso. El primer trasplante de corazón en México se había efectuado en 1988. Pasaron casi treinta años para que una mujer hiciera este procedimiento.

Para María del Sol su trabajo es dar vida.

NACIÓ EL 16 DE OCTUBRE DE 1971

CIUDAD DE MÉXICO

LA SATISFACCIÓN MÁS GRANDE ES VER AL PACIENTE SALIR EN BUENAS CONDICIONES.
MARÍA DEL SOL GARCÍA ORTEGÓN

ILUSTRACIÓN DE POLLY JIMÉNEZ

MARÍA ELIZABETH MONTAÑO

DOCTORA Y ACTIVISTA

Desde los cinco años, María Elizabeth supo que no era como el resto de sus compañeros de clase. A ella la trataban como a un niño, pero no, ¡era una niña! Cuando lo comentaba, las burlas no se hacían esperar. La forma en que se sentía era considerada como una enfermedad. Llevó muchos años ese secreto por dentro.

Hasta los cuarenta y cinco años, cuando ya trabajaba en un hospital, no se atrevió a confesárselo al mundo. Se acercó a su jefa y le dijo: «Tengo que contarte algo. Necesito cambiar la manera en que vivo, si es que quiero continuar». Ella la entendió de inmediato. Llamó a varias instituciones para que le brindaran apoyo y les explicaran a sus compañeros la situación. Era importante que, aunque cambiara, Elizabeth conservara su trabajo y los demás la trataran con respeto.

Elizabeth se sentía afortunada: sabía que, por tomar una decisión así, muchas personas en nuestro país son despedidas o expulsadas de sus casas. Por eso se encargó de divulgar información sobre la transición de género y promover servicios médicos respetuosos para gente como ella. También atendía casos de violencia y acoso dentro de los hospitales.

Su vida fue interrumpida abruptamente cinco años después de su transición. Aún se desconocen las causas. De lo que no cabe duda es de que dejó un legado de bondad, esfuerzo y empatía hacia las personas transgénero. Es recordada con cariño por cientos de activistas que continúan su labor.

18 DE AGOSTO DE 1973 – 2020

CIUDAD DE MÉXICO

HAY QUE CAMBIAR LAS MENTES Y CAMBIAR LAS REGLAS PARA QUE TODOS TENGAN UNA OPORTUNIDAD.

MARÍA ELIZABETH MONTAÑO

ILUSTRACIÓN DE
FÁTIMA RAMOS

MARÍA ESPINOZA

TAEKWONDISTA

María cuenta que, cuando era pequeña, su papá la inscribió a clases de taekwondo porque uno de sus hermanos y una prima estaban aprendiendo. A ella le llamó tanto la atención y le agarró tanto el gusto que ya nunca más lo pudo dejar.

Su historia es la del amor por lo que se hace. No tuvo que pensarlo mucho; no dudó, simplemente continuó buscando más y más en su disciplina. De niña tomaba sola el autobús para ir a los entrenamientos y a veces se hacía la dormida para no pagar pasaje, porque su familia no tenía dinero. Poco a poco, además de fortalecer su cuerpo, aprendió la técnica de este deporte hasta convertirse en una experta.

En los Juegos Olímpicos de Beijing 2008, cuando tenía veinte años, ganó la medalla de oro. Luego, en Londres 2012, consiguió la de bronce. Y en Río de Janeiro 2016 obtuvo la medalla de plata.

María es la primera mexicana en subir al podio en tres ediciones de los Juegos Olímpicos, pero no es lo único que ha hecho: tiene tres medallas del Campeonato Mundial de Taekwondo, otras cuatro por el Campeonato Panamericano de Taekwondo y dos más de los Juegos Panamericanos. La cantidad de trofeos que adornan su casa es enorme.

María posee una gran tenacidad. Ha librado todos sus combates con tranquilidad y poniendo el corazón en ello, pero también es fiera cuando se trata de lograr sus objetivos. Como lo ha dicho en varias entrevistas, al conquistar las medallas olímpicas también ha conquistado sus sueños de vida.

NACIÓ EL 29 DE NOVIEMBRE DE 1987

SINALOA

ILUSTRACIÓN DE
ROSARIO LUCAS

MI CLAVE PARA EL TRIUNFO
ES SIEMPRE COMPETIR CON
EL CORAZÓN.
MARÍA ESPINOZA

MARÍA EUGENIA ANTÚNEZ FARRUGIA

ACTIVISTA

Una ciudad incluyente ha sido diseñada para no dejar fuera a nadie. Los espacios, las instituciones, los servicios están planeados para que cualquier persona pueda acceder a ellos, incluyendo aquellas con algún tipo de discapacidad. María Eugenia creció en una ciudad rica en historia y cultura; sin embargo, faltaba mucho trabajo para que fuera habitable para todos.

Creció y se convirtió en una gran activista por la inclusión. Su objetivo fue hacer visible la discapacidad para que todo el mundo fuera tomado en cuenta, no solo unos cuantos. Ella sabía que en esta lucha su mejor herramienta era la educación, por lo que propuso y lideró un diplomado donde compartir su conocimiento y experiencias, para que las personas e instituciones crearan redes que verdaderamente apoyaran y consideraran a todas las personas. También escribió y tradujo manuales para que la información necesaria estuviera disponible al momento de diseñar estrategias inclusivas. Al ser un pilar en esta labor, el gobierno del estado de Puebla creó un premio al compromiso por la inclusión de las personas con discapacidad, el cual lleva su nombre.

También fue una feroz defensora de los derechos y las oportunidades de las mujeres. Formó parte del consejo consultivo del Instituto Nacional de las Mujeres, encargado de promover y supervisar que haya condiciones para eliminar la discriminación y la violencia de género, y que se propicie la equidad entre hombres y mujeres.

CIRCA 1968 - 19 DE JULIO DE 2007

PUEBLA

ILUSTRACIÓN DE
ESTEFANÍA VIYELLA

POR UN LADO LA EDUCACIÓN PRESERVA Y ESTABILIZA LA CULTURA, PERO POR OTRO ES UN INSTRUMENTO PARA PROMOVER Y DIRIGIR CAMBIOS CULTURALES.

MARÍA EUGENIA
ANTÚNEZ FARRUGIA

MARÍA FÉLIX

ACTRIZ

Cuando era niña María amaba subir a los árboles y montar a caballo. A todos les extrañaba que no prefiriera jugar a las muñecas, ¡pero afuera había tantas cosas interesantes y divertidas!

Se casó, pero como su marido era muy controlador decidió divorciarse. Aunque en esa época estaba mal visto que una mujer se separara, a María nunca le importó el qué dirán.

Un día, un director de cine la descubrió mientras iba en la calle y le propuso hacer una prueba para actuar en una película. María aceptó y se quedó con el papel principal. A pesar de que su personaje era una villana, el público la adoró y la película fue un éxito.

La fuerte personalidad de María era hipnotizante y su presencia ante la cámara era incomparable. Directores de varias partes del mundo comenzaron a llamarla para que actuara en sus películas y se peleaban por tenerla como protagonista.

Cuando conoció al compositor Agustín Lara, los dos se enamoraron. Como regalo de bodas él le escribió la canción «María Bonita». Pero Agustín tampoco soportó la necesidad de independencia de María y se separaron. A ella le gustaba ser musa del compositor, ¡pero le gustaba mucho más ser la dueña de sus decisiones!

Gracias a que siempre fue fiel a sí misma, María pudo dedicarse a construir su carrera y convertirse en una gran actriz. Filmó muchísimas películas e inspiró libros, pinturas y canciones. Se convirtió en una leyenda: María Félix, la mayor diva mexicana.

8 DE ABRIL DE 1914 – 8 DE ABRIL DE 2002

SONORA

ILUSTRACIÓN DE
ROSS MARISIN

NO LE TENGO MIEDO NI A LAS
CANAS NI A LAS ARRUGAS, SINO A
LA FALTA DE INTERÉS POR LA VIDA.
MARÍA FÉLIX

MARÍA GREVER

COMPOSITORA Y LOCUTORA DE RADIO

Desde pequeña, María tomaba clases de piano y de idiomas. Cuando apenas tenía cinco años, compuso un villancico para el colegio donde estudiaba. Poco después viajó a Europa con sus padres, donde recibió lecciones de música con reconocidos compositores. De vuelta en México, cuando se hizo mayor, se casó y tuvo tres hijos. Pero pronto comenzó la Revolución mexicana y decidió irse del país. Se mudó con su familia a Nueva York. Ahí empezó a cantar en un teatro y llegó a grabar dos discos con su música. Gracias a sus conocimientos también musicalizó varias películas y escribió algunos boleros.

Un día conoció a un célebre tenor mexicano llamado José Mojica y le mostró sus canciones. El intérprete le pidió permiso para cantarlas y grabarlas. La pieza «Júrame» se volvió un éxito y a partir de ese momento ella comenzó a dedicarse de lleno a componer. Tiempo después logró tener un programa de radio que se escuchaba en toda América Latina: *María Grever en su casa*. Ahí invitaba a intérpretes, estrenaba canciones y cantaba sus propias creaciones.

María Grever fue la primera compositora mexicana conocida internacionalmente. Sus creaciones fueron cantadas por los intérpretes más famosos de la época, tanto en español como en inglés. También fue empresaria, representante de artistas y directora de orquesta. Compuso unas mil piezas. Hoy día, su música sigue escuchándose y el público sigue disfrutando el cálido ritmo de su música y letra.

14 DE SEPTIEMBRE DE 1885 – 15 DE DICIEMBRE DE 1951

GUANAJUATO

QUIERO PRESENTAR LAS MELODÍAS Y LOS RITMOS NATIVOS COMO SON, PERO BUSCANDO LA FORMA EN QUE RESUENEN EN EL OÍDO UNIVERSAL.
MARÍA GREVER

ILUSTRACIÓN DE
MARTHA SAINT

MARÍA IZQUIERDO

PINTORA

Para María Izquierdo el arte siempre fue una forma de vida y la pintura era la mejor manera que tenía para expresarse. Fue alumna destacada de la Academia de San Carlos y de la Escuela Nacional de Bellas Artes, y sus cuadros ganaron el aplauso de famosos muralistas, como Diego Rivera.

Las obras de María Izquierdo estaban llenas de color, iban de retratos a paisajes y en ellas procuraba dar forma al México que conocía, a sus tradiciones y peculiaridades, pero, al mismo tiempo, pintaba para un público mundial, asegurándose de que cualquiera, sin importar su origen, pudiera conmoverse con sus trazos.

Gracias a su estilo único se convirtió en la primera mexicana en exponer su obra artística en el extranjero, en una importante galería de Nueva York.

Las pinturas de María Izquierdo también representaban a las mujeres mexicanas como nadie lo había hecho antes, ya que no se trataba solo de figuras maternales, sino de mujeres reales, con sueños y sentimientos propios.

María Izquierdo fue conocida como una de las mejores pintoras del país y, aunque muchas veces tuvo que enfrentarse a la oposición de los artistas mexicanos que no querían dar espacio a las mujeres, ella acalló todas las críticas con lo magnífico de su arte.

30 DE OCTUBRE DE 1902 – 2 DE DICIEMBRE DE 1955

JALISCO

ILUSTRACIÓN DE
SOFÍA WEIDNER

ES UN DELITO SER MUJER
Y TENER TALENTO.
MARÍA IZQUIERDO

MARÍA LORENA RAMÍREZ

CORREDORA DE LARGA DISTANCIA

Imagina una cadena de montañas altísimas, tú estás parada en la cima de una de ellas y desde ahí puedes ver las nubes debajo de tus pies. El paisaje es inmenso, va más allá de lo que puedes abarcar con la mirada. Te sientes fuerte y ligera, así que te echas a correr. El viento te empuja y te hace sonreír.

Así es el lugar donde vive María Lorena. Desde niña disfruta correr por las montañas de Chihuahua. Ahí el viento y la sensación del sol sobre su rostro la hacen sentir viva. Pertenece a la comunidad rarámuri, que significa «los de pies ligeros», lo cual le va muy bien porque, de hecho, es una de las mujeres más veloces del país.

Con el paso de los años fue descubriendo que era una persona con mucha fuerza, resistente, de modo que decidió convertirse en corredora profesional. En 2017 se hizo mundialmente famosa después de ganar una carrera de cincuenta kilómetros calzando huaraches y la ropa tradicional de su comunidad. Para María Lorena ser rarámuri es un orgullo: sus raíces y su familia son su fuente de inspiración; no necesita ropa especial ni entrenamientos sofisticados para ganar competencias internacionales.

Cuando no está participando en una competencia —ha ganado varias dentro y fuera de México— regresa a su hogar para estar con sus hermanos, cuidar de sus animales y contarles a las niñas de su comunidad historias que las inspiren a perseguir sus metas, a correr más rápido que cualquiera.

NACIÓ EL 1 DE ENERO DE 1995

CHIHUAHUA

ILUSTRACIÓN DE
NURIA MEL

ME GUSTA SER UNA MUJER RARÁMURI, ME GUSTA TENER ESTA CULTURA.
MARÍA LORENA RAMÍREZ

MARÍA NOVARO

DIRECTORA DE CINE

En la época en que María planeaba la grabación de su primera película, había reglas promovidas por organizaciones machistas que no permitían que las mujeres tocaran el equipo de video, algo absurdo que limitaba la libertad creativa de las chicas que querían hacer cine. Por eso se unió a un grupo, el Colectivo Cine Mujer, que hacía documentales feministas.

María estaba segura de que era posible hacer películas con una mirada femenina, con el cuidado, la audacia y las emociones que las mujeres poseen. Desde entonces se dedicó a abrir el camino para otras jóvenes en el cine, para que también pudieran dirigir y producir películas, pues en el pasado, de nosotras solo se esperaba que fuéramos actrices o asistentes y nada más.

En 1989 filmó su primera película, *Lola*, con la cual ganó cuatro premios de la Academia Mexicana de Artes y Ciencias Cinematográficas, entre ellos el Ariel a mejor guion y el de mejor ópera prima.

María es una figura notable en la difusión del cine en nuestro país y en el extranjero. Ha ganado premios internacionales que han hecho que los mexicanos sientan curiosidad por consumir el cine nacional hecho por mujeres. *Tesoros*, su última película, ganadora de premios en Berlín y China, está dirigida a las niñas y los niños de México, a los cuales les quiso dar un mensaje importantísimo: otro mundo es posible, las cosas siempre pueden cambiar y ser mejores.

NACIÓ EL 11 DE SEPTIEMBRE DE 1951

CIUDAD DE MÉXICO

ILUSTRACIÓN DE
GILDA MEDINA

LAS CUATRO PALABRAS QUE CREO QUE ME DESCRIBEN EN MI TRABAJO SON QUE SOY MUJER, Y QUE EN MI TRABAJO SE VE QUE SOY MUJER, QUE SOY MAMÁ Y SOY ABUELA, Y QUE SOY MEXICANA. ME DA MUCHO ORGULLO. ESA ES MI VOZ.
MARÍA NOVARO

MARÍA SABINA

SANADORA

En un pueblo de Oaxaca llamado Huautla de Jiménez, vivía una niña que llevaba por nombre María Sabina. Cuando tenía solo tres años perdió a sus padres y tuvo que vivir con sus abuelos. Ellos como toda su familia eran mazatecos, quienes practican medicina a base de muchas plantas y rituales.

A los diez años María Sabina encontró unos hongos que recordaba haber visto cuando era más pequeña, durante un ritual que hicieron para curar a su tío. Probó y estudió los hongos y la manera en que funcionaban, y decidió que su vida estaría dedicada a la medicina tradicional. Poco a poco fue convirtiéndose en una gran sabia y sanadora, que además daba mensajes de aliento, de alerta y de consuelo a su comunidad.

Su trabajo fue tan importante que ¡todo mundo quería conocerla! Estrellas de rock, médicos, incluso Walt Disney la visitó para ver su mundo y escuchar los mensajes que ella tenía que comunicar por medio de los rituales que hacía con los hongos. Su manera de sanar estaba muy relacionada con el poder de las palabras, por lo que era una especie de chamana o bruja buena, y aquellas eran tan mágicas y poderosas que además se convirtió en una gran poeta.

«Mi destino es curar con el lenguaje de los niños santos», decía María Sabina. Y cumplió aquel destino que tanto amaba, trabajando hasta el último de sus días en la curación por medio del bálsamo del canto y el lenguaje.

22 DE JULIO DE 1894 – 22 DE NOVIEMBRE DE 1985

OAXACA

ILUSTRACIÓN DE COBRA

CANTANDO ADIVINO TODO
LO QUE VA A PASAR.
MARÍA SABINA

MARÍA SALGUERO BAÑUELOS

GEOFÍSICA Y ACTIVISTA

Esta historia comienza con una niña muy observadora. María leía muchos periódicos y la nota roja le llamaba la atención. Nunca pensó que esa misma sección que consultaba por curiosidad se convertiría en su fuente de información principal.

Cuando creció estudió geofísica, una ciencia que estudia la Tierra y sus fenómenos, como los cambios que se dan en su estructura a través de los años.

Al notar un aumento en la violencia y en el número de mujeres asesinadas en México, María utilizó sus herramientas como geofísica e ideó un mapa que pudiera dar cuenta de la gravedad del problema. En 2016 comenzó el mapa de feminicidios en México con la intención de recopilar los datos de los casos, llevar un registro y nombrar a estas mujeres para que dejaran de ser solo una cifra.

Aunque esta tarea no es sencilla, ella sabe que su esfuerzo es un granito de arena en la lucha por la justicia para las mujeres mexicanas. Al leer las notas rojas o los informes, María ha experimentado tal dolor y angustia que la han llevado a tener pesadillas. Sin embargo, confía en que este trabajo es necesario, ya que puede ayudar a establecer políticas para prevenir y erradicar la violencia de género.

Por su labor como analista de datos y creadora del mapa de feminicidios en México, fue nombrada como una de las cien mujeres más poderosas.

NACIÓ EL 7 DE SEPTIEMBRE DE 1978

CIUDAD DE MÉXICO

ILUSTRACIÓN DE
CARMEN GUTIÉRREZ

PUEDES HACER ACTOS PEQUEÑOS,
ENSEÑANDO, COMPARTIENDO EL
CONOCIMIENTO QUE TÚ POSEES.
MARÍA SALGUERO BAÑUELOS

MARISOL VALLES GARCÍA

JEFA DE POLICÍA Y CRIMINÓLOGA

Hace no mucho el norte de México fue azotado por una violencia inimaginable. Muchos municipios se volvieron muy inseguros y la gente empezó a vivir con miedo. Pero, en medio de tanta oscuridad, surgió una luz de esperanza. Marisol siempre había soñado con cambiar a su comunidad y, cuando la oportunidad se le presentó, la tomó orgullosa y con el respaldo de su familia.

Con solo veinte años Marisol se convirtió en la jefa de policía de Práxedis G. Guerrero, una de las zonas más peligrosas del país. La incorporación de la joven estudiante de criminología causó mucho asombro, porque ese trabajo había sido un cargo exclusivo para hombres, además de que se asociaba con poner la vida en riesgo. Cuando a Marisol le preguntaban si tenía miedo respondía: «Miedo sí hay, es muy natural porque somos humanos». Sin embargo, se aferraba al sueño de buscar lo mejor para su gente. Gracias a esto fue nombrada «la mujer más valiente de México» y entró en la lista de *Newsweek Magazine* como una de las ciento cincuenta mujeres que han sacudido al mundo.

Marisol buscó que las personas vieran a los policías como figuras de confianza. Trabajó para identificar las necesidades de su población y saber cómo solucionarlas. Contrató a más mujeres policías con principios. Sin embargo, el tiempo de Marisol fue muy corto, debido a que recibió amenazas por parte del narcotráfico y decidió poner primero la integridad de su familia.

CIRCA 1989

CHIHUAHUA

ILUSTRACIÓN DE
ELENA CALTZ

YO TENGO MIEDO,
PERO MIENTRAS SIGA
RESPIRANDO PODEMOS
SOÑAR CON UN MEJOR
MAÑANA.
MARISOL VALLES
GARCÍA

MAYA DADOO

EMPRENDEDORA

Había una vez una niña a la que le encantaba resolver problemas. Creció en una casa con un fuerte intercambio cultural: su madre era mexicana-española-irlandesa y su padre era indio-argentino. Su familia tenía una larga tradición en la ingeniería. Sin embargo, nadie sabía lo que le deparaba el destino a la pequeña Maya.

Estudió ingeniería química en Estados Unidos porque quería estar expuesta a otras culturas. Comenzó a trabajar en finanzas, lo que le permitió conocer y vivir en diferentes partes del mundo. Con estos viajes y la gente que fue conociendo se dio cuenta de algo: el área de recursos humanos de las empresas estaba muy descuidada. ¡Y ni hablar de la situación de México! No había personas encargadas o, si las había, no contaban con herramientas que hicieran más fácil su trabajo.

«¡Tiene que haber una solución!», pensó. Empezó a hablar con amigos y conocidos, buscando entender el problema a profundidad para encontrar una respuesta... hasta que dio con ella. Conoció a su socio y juntos idearon Worky, un *software* para automatizar tareas del área de recursos humanos y brindar eficiencia a las empresas. Con esto las pequeñas y medianas empresas comenzaron a tener papeles claros en sus equipos y un mejor control de sus proyectos en desarrollo.

Al ser un terreno nuevo, Maya ha enfrentado muchos retos, como la falta de apoyo en México a mujeres emprendedoras o descubrir las necesidades de sus clientes sobre la marcha para poder idear las mejores estrategias. Pero ella sabe que la creatividad está en todos lados, aguardando ser descubierta.

UNA DE MIS PRINCIPALES MOTIVACIONES ES EL DESARROLLO Y LA CREACIÓN DE IDEAS: CÓMO A TRAVÉS DE LA TECNOLOGÍA PUEDES CAMBIAR LA VIDA DE LAS PERSONAS Y HACERLA MÁS SENCILLA.

MAYA DADOO

ILUSTRACIÓN DE CHARLOTTE GONZÁLEZ

MAYRA GONZÁLEZ

EMPRESARIA

A las niñas se les dice: «cuidado con tu vestido; no te vayas a ensuciar; tú, calladita; las niñas sí pueden llorar; tú no hagas esto porque es muy rudo, mejor dedícate a la casita del té». Pero quizá la niña quiere jugar futbol o a la ingeniería mecánica, y es buena en ello.

Mayra quería un coche y como su papá no se lo quiso comprar buscó trabajo como vendedora de autos para comprárselo ella misma. Así tuvo una revelación: le encantaba su empleo y era muy buena en ello. Pronto la invitaron a ocupar puestos más altos dentro de la compañía.

La mañana del 22 de abril de 2016, Mayra estaba con su equipo de trabajo de Nissan, una de las empresas productoras de autos más grandes del mundo, cuando sonó su teléfono. Le llamaban para informarle que la habían nombrado directora general de Nissan en México. No lo podía creer: fue la primera mujer en ocupar un puesto así en nuestro país.

Mayra habla mucho de capacitar a las mujeres, de ponerlas en igualdad de oportunidades para que puedan competir parejo con quien sea. Cree en el talento y opina que a la gente se le deben dar oportunidades por su esfuerzo y capacidad sin importar su género.

Además de tener una licenciatura en mercadotecnia, un posgrado en publicidad y estudios en negocios, insiste en que creas en tu talento, que te esfuerces, que lo intentes. Las calificaciones y los títulos escolares no lo son todo, hay que esforzarse y ser creativas cuando se quiere construir nuevas realidades.

NACIÓ EL 23 DE FEBRERO DE 1977

CIUDAD DE MÉXICO

TENEMOS QUE ROMPER CON LOS ESTEREOTIPOS Y LA MEJOR MANERA DE HACERLO ES A TRAVÉS DE LA EDUCACIÓN Y DE LAS OPORTUNIDADES.
MAYRA GONZÁLEZ

ILUSTRACIÓN DE KARLA ALCÁZAR

MÓNICA MORENO FIGUEROA

SOCIÓLOGA

Esta es la historia de una mujer con una rabia transformadora. Cuando Mónica era joven, gracias a sus estudios en comunicación, enfocó su creatividad en idear cómo decir las cosas. En la escuela aprendió a crear programas de televisión y de radio, pero le faltaba encontrar qué quería compartir. «Para qué decirlo de tal manera, si no sé qué decir», pensaba.

Su camino la llevó al otro lado del Atlántico. En la Universidad de Cambridge estudió hasta convertirse en doctora en sociología. A lo largo de esos años encontró lo que buscaba: señalar los problemas de exclusión social que existen en México. Conforme más estudiaba el tema, más crecía en su interior un enojo ante esas injusticias, lo que se volvió el motor para lograr un cambio.

Su trabajo se enfoca en combatir el racismo: las prácticas que actúan pensando que las razas existen y tienen una jerarquía específica, con unas por encima de otras. La idea de «raza» es solo eso, una idea. Ella la define como la creencia de que los humanos se agrupan de acuerdo con características específicas, ya sean físicas, biológicas, sociales o intelectuales, algo que está muy alejado de la realidad.

Mónica es cofundadora del colectivo Copera, que combate el racismo. Desde las aulas impulsa la educación como medio para transformarnos. En sus clases ve temas que en un principio pueden resultar incómodos, pero gracias a estos diálogos se encuentran los porqués y se imaginan los cómos para solucionarlos.

CIRCA 1971

JALISCO

ILUSTRACIÓN DE
IURHI PEÑA

MI PREOCUPACIÓN NO ES
QUÉ ES LA BELLEZA, SINO
QUÉ HACE LA BELLEZA.
MÓNICA MORENO FIGUEROA

NANCY CÁRDENAS

ACTIVISTA

Nancy estaba a punto de cumplir cuarenta años y ya era una reconocida escritora, guionista, locutora, actriz y directora de cine. Por ello fue invitada al noticiero en vivo con más audiencia de la televisión mexicana, donde le pidieron su opinión acerca del despido de un trabajador debido a su orientación sexual: Nancy no dudó en defenderlo. Además, explicó que ella también era homosexual y por eso sabía de primera mano que sus derechos no eran respetados. La producción mandó a un corte de inmediato y comenzaron a transmitir comerciales. Fue la primera vez que se habló del tema en televisión.

Después de la transmisión mucha gente se acercó a ella para agradecerle, sobre todo personas que llevaban toda la vida ocultando su orientación sexual. Pero muchas otras, incluso amigas y familiares, se alejaron de ella. En esos tiempos la sociedad mexicana era muy cerrada y este tipo de discriminación era constante. Sin desanimarse por esto, Nancy creó la primera organización homosexual en México para defender el derecho de esta comunidad a una vida digna. Tiempo después durante una marcha, estuvo al frente del primer contingente gay, antecedente de la Marcha del Orgullo Gay en México.

Durante toda su vida siguió escribiendo obras de teatro y poesía, y participando en conferencias, congresos, seminarios y entrevistas, todo alrededor de la defensa de los derechos de su comunidad.

29 DE MAYO DE 1934 – 23 DE MARZO DE 1994

COAHUILA

SI CAMBIAMOS EL FUTURO,
CAMBIAMOS EL PASADO.
NANCY CÁRDENAS

ILUSTRACIÓN DE
LUISA F. ARELLANO

NELLIE CAMPOBELLO

BAILARINA Y ESCRITORA

Cuando Nellie tenía apenas diez años estalló la Revolución mexicana. Ella vivía en el norte del país y fue testigo de grandes batallas, tragedias y dolores que la dejarían marcada para toda la vida.

Al terminar el conflicto viajó con su familia a la Ciudad de México y dedicó sus días a una de sus más grandes pasiones: el ballet. Como bailarina y coreógrafa ganó mucha fama, pero además del baile Nellie tenía en mente los años de la Revolución; no podía dejar de pensar en ellos, tanto que creó una coreografía con ese tema para el presidente Lázaro Cárdenas.

Fue entonces cuando Nellie tomó la decisión de relatar la Revolución como nadie lo había hecho antes, desde una visión más transparente y crítica. Así comenzó su oficio como escritora en el que narró la vida de Pancho Villa, y en su libro más famoso, *Cartucho*, describió pequeñas escenas de la Revolución donde los protagonistas no eran los grandes héroes, sino la gente normal que tuvo que sobreponerse al conflicto armado más duro que había enfrentado el país. Por supuesto, también destacó la visión de las mujeres, que hasta entonces habían sido dejadas de lado en la historia de México.

A lo largo de su vida, Nellie continuó hablando de la Revolución con sus libros y su danza, asegurándose de que nadie olvidara un momento tan decisivo en la historia del país.

En 1931 fundó la primera escuela pública de danza de México.

7 DE NOVIEMBRE DE 1900 – 9 DE JULIO DE 1986

DURANGO

ILUSTRACIÓN DE
GEMMA ROMÁN

SOY MARIPOSA,
ME GUSTA VOLAR
Y VER A TRAVÉS DE
MIS OJOS DORADOS
MI LIBERTAD.
NELLIE CAMPOBELLO

CARTUCHO

NORMA BASTIDAS

ULTRAMARATONISTA Y ACTIVISTA

En una ciudad de la costa del Pacífico nació una niña llamada Norma. Durante su niñez sufrió abuso por parte de una persona cercana a ella, quien la tocaba sin su consentimiento y la obligaba a hacer cosas que no quería. Su juventud no trajo consigo oportunidades, lo que la orilló a ser víctima de la trata de personas. En su caso la llevaron a Japón a los diecinueve años con una promesa falsa de trabajo. Cuando se dio cuenta de la mentira e intentó pedir ayuda, las autoridades la rechazaron y la culparon por su situación. Aunque la esperanza parecía huir de su vida, entendió que ella misma tenía que luchar por salvarse.

Viajó a Canadá donde su vida empezó a estabilizarse. Pero una vez más se vio en situaciones que no había anticipado. Uno de sus hijos fue diagnosticado con una enfermedad degenerativa en los ojos. «¿Cuántas veces tengo que volver a empezar?», se preguntaba y buscaba fuerzas para seguir adelante. «Las que sean necesarias».

Comenzó a correr para externar todo lo que cargaba. También como una manera de ayudar a su hijo y a las organizaciones con las que trabaja. Norma siguió corriendo con un nuevo propósito: dar voz a todas las víctimas de trata y violencia, hacerles ver que nada de lo que han vivido es su culpa y que tienen un futuro con el cual soñar.

En 2014 rompió el récord Guinness al acabar el triatlón más grande del mundo en sesenta y cinco días y con más de seis mil kilómetros recorridos.

CIRCA 1968

SINALOA

ILUSTRACIÓN DE
PAM MEDINA

LO QUE MÁS HE APRENDIDO ES
A SENTIRME ORGULLOSA DE MI
PASADO, NO PORQUE SUCEDIÓ,
SINO PORQUE NO ME DESTRUYÓ.
NORMA BASTIDAS

PAOLA LONGORIA

RAQUETBOLISTA

Paola tenía siete años y soñaba con ser campeona mundial. Todavía no sabía en qué, pero cada vez que miraba en la televisión cómo el basquetbolista Michael Jordan encestaba un balón y era celebrado por miles de personas, sabía que ella también estaría un día en ese lugar.

Durante un campamento de verano, uno de los instructores le insistió en que intentara jugar ráquetbol. Cuando tomó la raqueta Paola supo que había encontrado su vocación. Comenzó a entrenar con pasión y disciplina, y con tan solo once años ganó su primer título mundial. A partir de entonces las victorias fueron sumándose.

En una ocasión debió jugar un torneo mientras estaba enferma. Paola se sentía muy mal y comenzó a distraerse y a perder puntos en el juego. Tomó un tiempo fuera y miró un par de videos de motivación de su ídolo Jordan, lo que la inspiró a regresar a la cancha convencida de ganar a como diera lugar. ¡Y lo hizo! Aunque su cuerpo estaba cansado, su mente le dio la fortaleza necesaria para darle vuelta al marcador y vencer en el torneo.

Aunque le tocó vivir varios fracasos, su psicóloga y su entrenador físico la impulsaron siempre a seguir. Ellos forman parte del equipo que todos los días la cuida y la ayuda a entrenar para mejorar como deportista. Paola nunca se rinde y, aunque quizá todavía es muy joven, suma más de cien títulos en su carrera profesional y es considerada en todo el mundo como la mejor raquetbolista de todos los tiempos.

NACIÓ EL 20 DE JULIO DE 1989

SAN LUIS POTOSÍ

ILUSTRACIÓN DE
CAROLINA MONTERRUBIO

PROMETÍ QUE NO DESCANSARÍA
HASTA VOLVER A SER LA MEJOR.
PAOLA LONGORIA

PAOLA VILLARREAL

CIENTÍFICA DE DATOS Y PROGRAMADORA

¿Alguna vez has pensado en cómo la tecnología puede salvar vidas? Esta es la historia de una niña increíblemente curiosa e inteligente, que creció para usar la tecnología en favor de los que más lo necesitan. Su nombre es Paola.

Cuando cumplió doce años, su papá le regaló su primera computadora. De manera autodidacta, empezó a aprender sobre programación. Pasaba horas y horas leyendo hasta que logró dominar todo ese conocimiento. A los quince ya se dedicaba profesionalmente al diseño de páginas web, que entonces era un poco más complicado de lo que es en la actualidad.

Conforme pasaron los años, Paola exploró cómo la tecnología podía tener un efecto positivo en las luchas por los derechos humanos.

En 2015 se mudó a Estados Unidos para trabajar en una organización dedicada a los derechos civiles, la Unión Estadounidense de Libertades Civiles. Ahí pudo desarrollar su proyecto Data for Justice, con el que demostró que había discriminación y prejuicios hacia personas afroamericanas o latinas. Todo esto sirvió para revertir y aclarar condenas que no tenían suficientes fundamentos. Por este trabajo apareció en la lista de innovadores menores de treinta y cinco años de la revista de tecnología *MIT Technology Review*.

En 2019, gracias a la innovación de su trabajo y su colaboración en la apertura de datos para fortalecer los derechos humanos, la incluyeron como una de las cien mujeres de la BBC en el área de conocimiento.

NACIÓ EL 5 DE OCTUBRE DE 1984

CIUDAD DE MÉXICO

ILUSTRACIÓN DE
AMANDA GONZÁLEZ

SOY UNA PROGRAMADORA
CON ENFOQUE SOCIAL.
PAOLA VILLARREAL

PATI RUIZ CORZO

AMBIENTALISTA

El hijo de Pati llevaba mucho tiempo enfermo y medicado. Ella, angustiada por esta situación, decidió confiar en que el contacto con la naturaleza curaría a su pequeño, así que toda la familia se mudó a la Sierra Gorda, una zona montañosa repleta de vegetación y fauna. Durante siete años experimentaron el contacto con la naturaleza cara a cara. El hijo de Pati se curó de todas sus enfermedades y ella encontró la causa que conduciría su vida. Se volvió devota del planeta.

Se había dado cuenta de todo el daño que sufría esa hermosa región: la erosión del suelo por la tala y ganadería excesivas, los basureros clandestinos y el turismo mal planeado. Entonces creó, junto con su familia, un grupo ecológico cuya intención era proteger el lugar que les había dado tanto. Después de diez años lograron que aquel territorio se volviera un área natural protegida y, durante algún tiempo, ella fue la responsable de toda la zona. Trabajaron con la comunidad, brindando educación ambiental a todos los involucrados en el cuidado del lugar: amas de casa, funcionarios, terratenientes, campesinos, ganaderos, apicultores, operadores turísticos. Con el tiempo consiguieron que los pobladores de la sierra mejoraran su calidad de vida sin dejar de cuidar su entorno.

La agrupación lleva treinta y un años realizando actividades a favor de la tierra con las comunidades de la Sierra Gorda y Pati sigue creando nuevos proyectos que favorecen el cuidado de la vida silvestre.

CIRCA 1953

CIUDAD DE MÉXICO

ILUSTRACIÓN DE
DAY CUERVO

CUANDO LLEGUÉ A LA SIERRA GORDA, PENSÉ: «ESTOY DE AHORA EN ADELANTE EN MANOS DE MI MADRE NATURALEZA».
PATI RUIZ CORZO

PETRA HERRERA

REVOLUCIONARIA

Hace ya algún tiempo había una joven llamada Petra, quien veía las injusticias que los campesinos vivían a causa de malos jefes que les quitaban sus tierras o no les pagaban lo suficiente. Cansada de esto, decidió unirse a la Revolución mexicana y luchar por mejores condiciones para los trabajadores. Pero eran años en los que las mujeres eran consideradas el «sexo débil» y solo se les permitía ayudar como nanas, cocineras o enfermeras de los hombres.

Petra sabía que tenía la capacidad de hacer mucho más. Entonces se vistió de hombre y se hizo llamar Pedro, para poder entrar a las tropas de la Revolución. Gracias a su audacia e inteligencia en el campo de batalla, obtuvo el respeto de sus compañeros soldados. Su presencia en el ejército revolucionario fue fundamental: en 1914 lideró la toma de Torreón y también participó en la de Zacatecas. Sin embargo, no tuvo ningún reconocimiento, solo por el hecho de ser mujer.

Esto fastidió a Petra y decidió formar su propia tropa con soldaderas. El número de sus integrantes no es muy claro, pero sin duda fue un grupo de mujeres valientes y decididas a luchar.

En 1917 Petra se unió a Venustiano Carranza y, aunque nunca le otorgaron el rango de general, la ascendieron a coronel. Después de que se disolvió su grupo de soldaderas, Petra trabajó como espía, disfrazada de mesera en una cantina.

CIRCA 1887 – *CIRCA* 1917

COAHUILA

¡SOY MUJER Y VOY A SEGUIR SIRVIENDO COMO SOLDADA CON MI VERDADERO NOMBRE!

PETRA HERRERA

ILUSTRACIÓN DE
MA[illegible] LUMBRERAS

ROSA REAL MATEO DE NIETO

ALFARERA

Hace tiempo había una niña llamada Rosa que vivía en un pueblito de Oaxaca, San Bartolo Coyotepec. Comenzó el oficio de alfarera a los diez años. En su pueblo era muy común trabajar el barro, que en ese entonces era opaco y de color gris.

A Rosa le gustaba mucho su oficio. Lo hacía con delicadeza y de sus manos salía toda clase de hermosos recipientes, sobre todo cántaros para almacenar agua. Ella ponía mucha atención a lo que hacía y, mientras esperaba a que sus piezas se cocieran en el horno, se preguntaba cómo podría mejorar sus creaciones. Empezó a experimentar con el material. Tras varias pruebas descubrió cómo podía cambiar el color y el brillo de las piezas. Utilizó un cuarzo para pulir sus cántaros y los coció con un fuego más tenue. Al sacarlos del horno eran de un color negro brillante.

Gracias a esa técnica sus vasijas, jarrones y animalitos de barro se volvieron famosos, incluso unos paisanos suyos les dedicaron una canción. Un día el cónsul de Bélgica conoció las artesanías de Rosa y le encantaron. El diplomático organizó una exposición en Los Ángeles y a partir de ahí el barro negro adquirió fama a escala internacional.

Hoy la hija de doña Rosa y sus nietos continúan modelando el barro en el taller. En una de las paredes está la fotografía de su abuela, a la que agradecen haber descubierto la técnica que se ha vuelto una tradición y que llena su pueblo de vida.

4 DE SEPTIEMBRE DE 1900 – 12 DE JULIO DE 1980

OAXACA

ILUSTRACIÓN DE
ALEJANDRA PÉREZ

ROSARIO CASTELLANOS

ESCRITORA Y DIPLOMÁTICA

Rosario tenía apenas siete años cuando su hermano menor falleció. Y todavía era una joven estudiante cuando perdió a sus padres y se quedó huérfana. Muy pronto tuvo que valerse por sí misma.

Creció en Chiapas, y con tantas cosas que expresar y compartir, se convirtió en la primera escritora destacada de su estado. A los quince años ya había publicado sus primeros poemas.

Rosario era muy aplicada, inteligente y capaz. Tomó la decisión de mudarse a la Ciudad de México y allí se graduó como maestra en filosofía. Tiempo después obtuvo una beca para irse a estudiar a Madrid.

Fue una académica sobresaliente que viajó mucho e impartió clases en universidades estadounidenses. Durante años trabajó para el periódico *Excélsior*. Apoyaba las actividades culturales en Chiapas y ganó muchos reconocimientos institucionales. También fue nombrada embajadora en Israel y dio clases en la Universidad Hebrea de Jerusalén.

Escribió cuentos, novelas, ensayos, obras de teatro, ¡de todo! Sin importar el tipo de texto, expresaba que las mujeres son capaces de hacer lo que se propongan y lo que les guste, más allá de lo que los demás esperan que sean.

De ella se dice que todos los días escribía diez páginas: apenas abría los ojos, se sentaba frente a su máquina de escribir. Y, al contrario de quienes piensan que la poesía se hace en momentos de ocio, ella creía en la dedicación y la disciplina. Gracias a todo ese esfuerzo, en la actualidad, Rosario es una de las escritoras mexicanas más reconocidas a nivel nacional e internacional.

25 DE MAYO DE 1925 – 7 DE AGOSTO DE 1974

CIUDAD DE MÉXICO

MI MENTE FEMENINA SE SIENTE POR COMPLETO FUERA DE SU CENTRO CUANDO TRATO DE HACERLA FUNCIONAR DE ACUERDO CON CIERTAS NORMAS INVENTADAS, PRACTICADAS POR HOMBRES Y DEDICADAS A MENTES MASCULINAS.
ROSARIO CASTELLANOS

ILUSTRACIÓN DE
BELI DE LA TORRE

SALMA HAYEK

ACTRIZ, PRODUCTORA Y EMPRESARIA

Salma era una niña muy inquieta y alegre. Al principio, la escuela le parecía complicada porque tenía dislexia, una condición en la que las personas confunden las letras cuando leen o escriben. Pero Salma también era muy testaruda, así que aprendió no solo a escribir en español, sino a hablar inglés.

En la universidad comenzó a estudiar una carrera, pero la dejó porque se dio cuenta de que su verdadera pasión era ser actriz. Sus papás temían que la actuación resultara difícil, pero Salma era muy disciplinada y le puso tanto empeño a su trabajo que pronto comenzó a brillar.

Cuando la eligieron como protagonista de una telenovela, esta se convirtió en un inmenso éxito en varias partes del mundo. Salma decidió mudarse a Los Ángeles para seguir creciendo como actriz y ahí las invitaciones para actuar en películas de Hollywood no se hicieron esperar.

Salma tenía una ambición muy particular: hacer una película sobre Frida Kahlo, la pintora mexicana que era también su heroína personal. Como no encontraba quien quisiera producir su proyecto, supo que debía hacerse cargo de ello. Creó su propia casa productora y, después de varios años de trabajo, estrenó *Frida*, una película sobre la vida de la pintora, producida y actuada por Salma. Cuando celebraba los premios cinematográficos que recibió por *Frida*, supo que estaba recogiendo los merecidos frutos de su esfuerzo.

NACIÓ EL 2 DE SEPTIEMBRE DE 1966

VERACRUZ

TENEMOS QUE ENORGULLECERNOS DE TODO LO NUESTRO. TENEMOS QUE DISFRUTARLO PARA QUE NOS RECUERDE EL PODERÍO QUE LLEVAMOS DENTRO.

SALMA HAYEK

ILUSTRACIÓN DE RAQUEL SCHAAR

SARA COVA

PELEADORA DE ARTES MARCIALES MIXTAS

Hace un par de años, Sara se inscribió en un gimnasio para bajar de peso. Así descubrió las artes marciales mixtas, además de una nueva forma de comprender su cuerpo y la vida.

Pelear requiere disciplina y honor. Asimismo, como mujer implica que te plantes muy bien, que te ames y no dejes que factores externos, como el machismo o el miedo, te derroten. En las salas de combate y en los gimnasios las mujeres son discriminadas, y el público se fija más en cómo lucen las peleadoras (si son bonitas o no), en lugar de reconocer sus habilidades y destrezas.

A lo largo de su carrera, Sara se ha dedicado a dejar en claro que las artes marciales son un camino para transformar la imagen clásica que se tiene de las mujeres, lo que incluye características como la velocidad, la resistencia y la rudeza.

Sara anima a niñas y mujeres a practicar artes marciales, convencida de que tomar la decisión de asistir a la primera clase es lo más difícil, después todo es diversión.

Además, este deporte le ha enseñado a ser más tranquila, mucho más responsable, a sentirse segura de sí misma; ha conocido gente increíble y hasta ha aprendido a comer mejor. Y ya no le da miedo perder. Ahora sabe que una derrota se puede superar: regresas, entrenas más y lo superas.

Sara, que también estudia cine y música, es la primera mexicana en ganar una medalla de bronce en el Campeonato Mundial de Artes Marciales Mixtas, su primera experiencia internacional como peleadora.

CIRCA 1995

CIUDAD DE MÉXICO

ILUSTRACIÓN DE
CARMEN GUTIÉRREZ

ENTRENAR HA SIDO UNA HERRAMIENTA PARA AFRONTAR MIS INSEGURIDADES Y PENSAMIENTOS NEGATIVOS. LA SEGURIDAD QUE EMPLEO EN LAS PELEAS ES LA MISMA QUE LLEVO A MI VIDA.
SARA COVA

SILVANA ESTRADA

CANTAUTORA

En un lugar de Veracruz nació una niña que creció con la música. Los padres de Silvana eran músicos clásicos y lauderos, las personas que reparan, ajustan o construyen instrumentos. Su infancia transcurrió entre discos, instrumentos, canciones improvisadas y las voces de Mercedes Sosa, Violeta Parra, Rosa Passos y Chico Buarque.

Cuando cumplió diecisiete años, Silvana decidió dedicarse a la música de manera profesional. Siempre la había acompañado y la veía como algo que ya hacía por diversión. Fue a la universidad y estuvo un rato en las aulas. Sin embargo, lo que buscaba Silvana estaba más allá de un salón de clases. Dejó la escuela y voló a Nueva York con su cuatro venezolano, el instrumento que usa para componer y cantar, y un sueño en la maleta. Ahí conoció a otros músicos, a los que impresionó con su voz y quienes la apoyaron.

Regresó a México para seguir cantando canciones honestas y llenas de literatura. Silvana se ha convertido en una de las cantautoras más prometedoras en la escena de la canción latinoamericana. Su mezcla de ritmos, como el jazz y el folclor, le está dando la vuelta al mundo. Cuando le preguntan cómo definiría su estilo, Silvana ríe y responde: «Silvana Estrada toca Silvana Estrada», porque es una combinación de tantos géneros, emociones e historias que es imposible encasillarla en uno solo.

El sueño de Silvana es tener una vida longeva, grabando discos, tocando y siendo feliz.

CIRCA 1997

VERACRUZ

BRINDO POR ESTE AFÁN
DE LIBERTAD.
POR LA FIRME ESPERANZA
DE CAMBIAR.
SILVANA ESTRADA

ILUSTRACIÓN DE
VALERIA PEZZA

SILVIA PINAL

ACTRIZ

En la casa de Silvia se oía la radio todo el tiempo. A ella le gustaba cantar las canciones que escuchaba. También disfrutaba actuar, escribir y recitar poemas. Su padre le prohibió estudiar cualquier carrera artística, así que ella aprendió mecanografía. Para pagar sus clases de canto, a los catorce años comenzó a trabajar como secretaria. Poco después su jefe la invitó a formar parte de una radionovela. En la radio conoció a un grupo de actores y uno de ellos le propuso debutar como actriz en una obra. Durante una de las representaciones, un director de cine conoció su talento y la invitó a hacer una película.

Silvia estaba muy feliz de ver su sueño realizado, aunque tuvo que pasar mucho tiempo para que fuera reconocida como una buena actriz. Era muy duro comenzar una carrera de actuación a tan corta edad, en una época en que las mujeres apenas empezaban a tener los mismos derechos que los hombres.

Otra dificultad fue equilibrar sus responsabilidades como madre con su profesión. Pero Silvia nunca dejó de dedicarse a lo que amaba. Participó en decenas de películas. *Un extraño en la escalera* la volvió famosa y *Viridiana* puso su nombre en la escena internacional. Obtuvo reconocimientos por sus actuaciones y estelarizó varios programas de televisión. También trabajó como empresaria, productora e incluso incursionó en la política mexicana.

Publicó hace poco un libro sobre su vida y aún es una figura importante para el mundo del espectáculo.

NACIÓ EL 12 DE SEPTIEMBRE DE 1931

SONORA

ILUSTRACIÓN DE
ALEJANDRA PÉREZ

LAS MUJERES MEXICANAS
TENEMOS MUCHO QUE
APORTARLE A NUESTRO PAÍS.
CADA VEZ SE RECONOCE MÁS
NUESTRA VALIA, PERO AÚN
QUEDA MUCHO CAMINO QUE
RECORRER Y NO PODEMOS
RENDIRNOS.
SILVIA PINAL

SNOW THA PRODUCT

RAPERA

Había una vez una niña que amaba la música, tanto que se la pasaba cantando en su casa. Esta niña se llama Claudia y nació en California, Estados Unidos, hija de inmigrantes mexicanos. Claudia empezó su carrera desde muy joven, junto a un tío que tenía un conjunto de mariachi.

Más tarde empezó a rapear con su grupo de amigos y amigas, y se dio cuenta de que era buena, de que podía llegar a ser ¡la mejor de todas! Llevaba la música en la sangre y había descubierto un nuevo género con el que se sentía conectada. En ese momento, Claudia grababa algunas canciones que subía a su página de MySpace y vendía sus discos en las calles de San Diego. Así nació Snow Tha Product, un nombre inspirado un poco en Blancanieves y otro poco en su necesidad de siempre ser fiel a ella misma.

Poco a poco fue ganando fans y colaborando con raperos más conocidos. Durante un tiempo la contrató una gran disquera, pero se dio cuenta de que, si quería ser feliz con su música, debía hacerlo con sus propias reglas.

Claudia dice que su camino por el hip hop no ha sido fácil, porque se enfrenta a prejuicios por ser mujer y mexicana, pero ella está orgullosa de quién es. Además de componer y rapear en inglés y español, es una activista que busca mejorar las condiciones migratorias para los latinos en Estados Unidos y también es empresaria de su propia línea de ropa.

NACIÓ EL 24 DE JUNIO DE 1987

CALIFORNIA, ESTADOS UNIDOS

ILUSTRACIÓN DE
STEPH C.

AL FINAL DEL DÍA SOY SOLO UNA
MEXICANA QUE QUIERE INFLUIR
EN LA VIDA DE OTRAS NIÑAS
MEXICANAS.
SNOW THA PRODUCT

SOLAR MAMAS

INGENIERAS SOLARES Y ACTIVISTAS

Un día, un grupo de mujeres preocupadas por la falta de luz eléctrica en su comunidad decidió hacer algo al respecto. Se inscribieron en la convocatoria del Centro de Investigación y Trabajo Social Barefoot College (Pies Descalzos) para aprender a instalar páneles solares. Juntas viajaron a India y allá se graduaron como ingenieras. A su regreso formaron el colectivo Solar Mamas.

Quienes lo conforman son personas con muchas desventajas, sin estudios ni dinero, que viven en poblados muy pobres. Tomar la decisión de salir del país para estudiar algo que beneficiara a toda la gente de la comunidad fue un acto muy significativo.

Este es el único programa de capacitación en el mundo en el cual una mujer que no sabe leer ni escribir puede convertirse en ingeniera. Y es importante que se capacite a mujeres, porque ellas demuestran un compromiso mayor con sus lugares de origen, debido a que sus raíces son profundas y les preocupa sacar adelante a sus familias. Además, parte de sus estudios implicó aprender sobre derechos humanos, liderazgo y ecología.

Las beneficiarias del programa Solar Mamas se dedican a instalar kits de páneles solares en las casas de quienes más lo necesitan, con lo que llevan luz a lugares olvidados que no cuentan con este servicio.

Con un poco de preparación y esfuerzo, además de páneles solares, focos y unos cuantos cables, Solar Mamas transforma la vida de la gente, pues la electricidad es crucial para la salud, la productividad y la conectividad.

TODO CAMBIÓ CON LOS PÁNELES, PORQUE TE PUEDES ACOSTAR MÁS TARDE, LOS NIÑOS PUEDEN HACER SUS TAREAS EN LA NOCHE. PARA LAS MUJERES ES BUENO PORQUE UNA TRABAJA EN LA COCINA, EN LA CASA. CON LA LUZ TODO ES MÁS FÁCIL.

SOLAR MAMAS

ILUSTRACIÓN DE
ANXE ALARCÓN

SOR JUANA INÉS DE LA CRUZ

POETA

Sin duda, Juana Inés es una de las poetas más talentosas de América. Desde muy pequeña demostró una erudición y sensibilidad inigualables. Tenía una mente aguda y sus escritos en verso fascinaban a todos, incluyendo a los virreyes de ese entonces, quienes la protegieron como la mejor artista de la Nueva España.

Sin embargo, en aquella época y en la sociedad que le tocó vivir no se aceptaba que una joven escribiera ni estudiara; lo único que se esperaba de ella era que contrajera matrimonio. Pero el espíritu de Juana Inés estaba hecho para el arte y el conocimiento, así que decidió convertirse en monja, pues las religiosas eran las únicas mujeres que tenían derecho a dedicar su vida a las letras.

En el convento sor Juana compuso los poemas más hermosos jamás escritos, en los que además defendía el derecho de las mujeres a pensar y tener opiniones, y denunciaba la opresión de los hombres necios que se oponían a que ellas alcanzaran sus sueños solo por su género sin ninguna otra razón.

Además de teatro y poesía, sor Juana escribió sobre ciencia y filosofía, y pronto fue reconocida como una de las mentes más brillantes del reino, lo que le ganó varios enemigos. Al final, ninguno fue capaz de negar su enorme talento, por lo que todos en la Nueva España —y actualmente en el mundo entero— la llamaron la Décima Musa y el Fénix de América.

12 DE NOVIEMBRE DE 1651 – 17 DE ABRIL DE 1695

ESTADO DE MÉXICO

ILUSTRACIÓN DE
NURIA MEL

YO NO ESTUDIO PARA ESCRIBIR,
NI MENOS PARA ENSEÑAR [...]
SINO SOLO POR VER SI CON
ESTUDIO IGNORO MENOS.
SOR JUANA INÉS DE LA CRUZ

SORAYA JIMÉNEZ

LEVANTADORA DE PESAS

Había una vez unas gemelas que amaban nadar en el río y jugar basquetbol. Cuando su abuelo les enseñó a montar a caballo les dijo: «Si te tira el caballo, levántate, no llores y vuelve a intentarlo». Desde muy chicas aprendieron a nunca dejarse vencer.

Soraya, una de ellas, quería ser atleta profesional. Cuando entró a la secundaria se inscribió en un gimnasio y ahí descubrió el levantamiento de pesas. Muy pronto sus entrenadores se dieron cuenta de que tenía una sorprendente capacidad para levantar grandes pesos.

A pesar de ser una deportista muy dedicada, cuando Soraya pidió ayuda al gobierno para participar en competencias internacionales, varios funcionarios se la negaron. «Las pesas no son un deporte apto para mujeres», le decían.

Pero Soraya no se dio por vencida. Su papá ahorró para poder pagar los viajes a sus primeras competencias. Soraya quedaba siempre entre los mejores lugares y lo que más le gustaba era convivir con gente a la que le apasionaba lo mismo que a ella.

Soraya se convirtió en la primera mexicana en conquistar una medalla de oro en unos Juegos Olímpicos. Con las rodillas tambaleantes y el rostro rojo por el esfuerzo, levantó el peso equivalente a dos elefantes bebés.

Gracias a ese triunfo se abrieron las puertas para que otras mujeres comenzaran a practicar aquel deporte.

Nunca más alguien podría pensar que las pesas no son un deporte para mujeres.

---

5 DE AGOSTO DE 1977 – 28 DE MARZO DE 2013

ESTADO DE MÉXICO

ILUSTRACIÓN DE MAREMOTO

ME LA ESTABA JUGANDO, Y NO POR MÍ, SINO POR TODAS LAS QUE PRACTICAMOS ESTA DISCIPLINA.

SORAYA JIMÉNEZ

VIRGINIA FÁBREGAS

ACTRIZ Y EMPRESARIA

Para ayudar a su familia, Virginia era maestra y daba clases a sordomudos. Disfrutaba su profesión, pero también amaba el teatro y soñaba con dedicarle su vida entera. En su tiempo libre formó parte del grupo de actores de la Escuela Normal. Su primera presentación fue en una obra de beneficencia. Aunque estaba nerviosa, terminó su monólogo sin problemas y recibió una ola de aplausos. Era tan buena en el escenario que pronto fue llamada a participar en más obras. Sin dejar de dar clases, actuó en diversos espectáculos. Era elogiada por su talento y majestuosa voz.

Aunque su familia al principio no estaba de acuerdo, Virginia los convenció de que la dejaran pertenecer a una compañía de teatro. Las obras en que participó tuvieron tanto éxito que pronto se fueron de gira por varias partes del país e incluso a Cuba. Poco después nació su primer hijo, por lo que tuvo que alejarse de los escenarios. Esto, unido a problemas emocionales, la tenía muy triste, pero se consolaba con la idea de volver al teatro. Y lo hizo un par de años después. Entonces comenzó a pensar en fundar su propia compañía.

Su trabajo como actriz fue reconocido en Latinoamérica y Europa. Se volvió una importante empresaria teatral que favorecía el montaje de obras nacionales. Tuvo su propio teatro y vivió organizando giras, montando obras y actuando. Hasta ahora es recordada como una de las primeras grandes actrices de la historia del país.

17 DE SEPTIEMBRE DE 1871 – 17 DE NOVIEMBRE DE 1950

MORELOS

ME ENFRENTÉ CON LA VIDA:
HE IDO POR EL MUNDO SIN
DETENERME. DIRIJO, ADMINISTRO
Y SOSTENGO MI COMPAÑÍA.
VIRGINIA FÁBREGAS

ILUSTRACIÓN DE
CARMELITA DÍAZ KAMIN

XIMENA ANDIÓN IBÁÑEZ

ACTIVISTA

Había una vez una mujer llamada Ximena que entró a trabajar en una organización de defensa de los derechos humanos. Para ello debía estar informada de lo que ocurría en el país. En los diarios comenzó a ver cada vez más notas sobre las mujeres desaparecidas y asesinadas en Ciudad Juárez. Un día lo platicó con una colega en la oficina : «No estamos haciendo nada al respecto». Así que decidieron hablar con sus superiores. Ellos les respondieron que ese asunto no les correspondía, que se debía resolver en otra parte. Pero ¿cuál era ese otro lugar?

Ellas insistieron y poco a poco lograron convencer a la asociación de que tomara algunos de los casos. Empezaron a trabajar con las mamás de las víctimas y les ayudaron a levantar denuncias en el ámbito nacional e internacional. Ahí Ximena se dio cuenta de que eso era lo que quería hacer el resto de su vida. Los problemas de las mujeres le dolían y le afectaban, y quería hacer algo para contribuir a resolverlos.

Tiempo después, la invitaron a trabajar en el Instituto de Liderazgo Simone de Beauvoir, una organización que defiende los derechos humanos de las mujeres en México y América Latina, y busca formar líderes comprometidas con su entorno. Estaba tan entusiasmada con el proyecto y le dedicaba tanto esfuerzo que la nombraron directora.

Desde hace veinte años Ximena trabaja en ese tipo de instituciones, escribe para diversos medios, da clases en la universidad y lanza iniciativas a favor de los derechos de las mujeres.

NACIÓ EL 15 DE MARZO DE 1980

EL CONSEJO MÁS IMPORTANTE ES QUE LAS PERSONAS SE SIENTAN LIBRES DE DECIDIR LO QUE QUIERAN HACER, MÁS ALLÁ DE LO QUE LA SOCIEDAD ESPERA DE ELLAS.

XIMENA ANDIÓN IBÁÑEZ

ILUSTRACIÓN DE ILEANA FLORES

XÓCHITL GUADALUPE CRUZ

CIENTÍFICA

Para ser una gran científica la edad no pone límites, como lo demuestra Xóchitl, una niña de los Altos de Chiapas que siempre tuvo la curiosidad de comprender su mundo y transformarlo para beneficio de su comunidad.

Inquieta y decidida, Xóchitl empezó a presentar proyectos para las ferias científicas de su estado, como un laboratorio para extraer el aroma de las flores —con el que ganó el primer lugar—, así como la ambiciosa empresa de construir calentadores de agua con materiales reciclados para ayudar a las familias más pobres de Chiapas y salvar el medio ambiente.

Las noticias sobre sus grandes ideas y su amor por la ciencia se difundieron rápidamente, y por sus logros se le concedió el Reconocimiento ICN a la Mujer, otorgado por el Instituto de Ciencias Nucleares de la UNAM, con lo que se convirtió en la única niña en haberlo recibido, ¡con apenas nueve años!

Xóchitl sigue comprometida con el medio ambiente y la sociedad, y todavía tiene muchas ideas para transformar el mundo con el poder de la ciencia. Ha demostrado que la edad no es un impedimento para destacar como inventora ni para ayudar a los demás. El calentador solar que creó no solo es útil para que la gente pueda bañarse con agua caliente, también evita que se talen árboles y, en consecuencia, aporta un granito de arena para evitar el calentamiento global.

CIRCA 2009

CHIAPAS

HASTA EL MOMENTO HE APRENDIDO QUE NO TODO SALE A LA PRIMERA; LAS FALLAS QUE UNA TIENE NO SON PARA DESANIMARSE, SINO PARA VERLAS COMO RETOS Y BUSCARLES SOLUCIONES. Y TAMBIÉN HE APRENDIDO A NO DARME POR VENCIDA.

XÓCHITL GUADALUPE CRUZ

ILUSTRACIÓN DE
MARIANA ALCÁNTARA

YALITZA APARICIO

ACTRIZ

Yalitza llegó a la audición de la mano de su hermana Edith. No estaba muy segura de qué hacía ahí: era una maestra de preescolar a la que no le gustaba hablar frente a las cámaras y que nunca se había imaginado como actriz. Pero Edith había insistido tanto en que audicionara para esa misteriosa película...

Cuando llegó su turno, alguien le dio un consejo que se volvería su lema personal: «Solo intenta dar lo mejor de ti». Así lo hizo, ¡y se quedó con el papel principal!

Aunque los papás de Yalitza eran de origen mixteco, no le habían enseñado su idioma porque les daba miedo que la gente se burlara de ella. Pero el personaje de Yalitza debía hablar esa lengua, así que le pidió ayuda a su mejor amiga, Nancy, para que le diera clases de mixteco. ¡Las amigas están para eso!

Las personas indígenas a veces sufren burlas y maltratos por hablar un idioma distinto, tener un color de piel más oscuro o portar las hermosas prendas tradicionales de sus pueblos. Pero Yalitza sabe que no es nada de lo que deba avergonzarse y cada vez se siente más orgullosa de su origen.

Cuando la película se estrenó, gente de todo el mundo se maravilló con su manera de actuar. Su trabajo fue tan bueno que estuvo nominada al Óscar como mejor actriz.

Yalitza trabaja duro para continuar en el camino de la actuación y aprovecha su fama para ayudar a niñas y mujeres indígenas a que puedan ver cumplidos sus sueños.

NACIÓ EL 11 DE DICIEMBRE DE 1993

OAXACA

YO SOLAMENTE
HE TOMADO LOS
COMENTARIOS BUENOS.
ESOS SON LOS QUE TE
VAN A FORTALECER.
YALITZA APARICIO

ILUSTRACIÓN DE
PAULINA MÁRQUEZ

YÁSNAYA ELENA AGUILAR

LINGÜISTA Y ACTIVISTA

Había una niña muy valiente que se llamaba Yásnaya y que creció en un pueblo mixe en Oaxaca. Su infancia transcurrió con el cariño de su abuela, mientras oía la música que ponían en el altavoz del pueblo.

Yásnaya estudió literatura y después lingüística, la ciencia que estudia el lenguaje. Para ella «toda actividad humana está atravesada por la lengua».

Yásnaya habla mixe o ayuujk y sabe que hablar una lengua indígena puede ser motivo de discriminación, por eso se dedicó a luchar por los derechos de los hablantes de lenguas indígenas, para que se garantice la diversidad lingüística. Además es consciente de que no puede haber lenguas sin hablantes, causa fundamental para que todas las personas sientan libertad, seguridad y orgullo al comunicarse en su lengua.

En 2019 fue invitada como oradora a la Cámara de Diputados, por ser el Año Internacional de las Lenguas Indígenas. Su mensaje fue claro: «La desaparición de las lenguas indígenas se debe a un proceso gubernamental donde se les quitó valor a las lenguas en favor de una sola». Y brindó datos alarmantes: de no tomar acción, en cien años se habrá extinguido la mitad de las lenguas indígenas.

También se convirtió en una de las voceras de la resistencia que su comunidad ha ejercido desde 2017, tras el robo del agua de su manantial.

Yásnaya se ha dedicado a difundir información sobre su comunidad y sobre su lengua.

NACIÓ EL 16 DE OCTUBRE DE 1981

OAXACA

Akujk kumuuny ja ää ayuujk nayte'n njënmä'äyën

ILUSTRACIÓN DE
SONIA PÉREZ

lo lingüístico es político

¿CÓMO VA A FLORECER NUESTRA PALABRA EN UN TERRITORIO DEL QUE SE NOS DESPOJA?

YÁSNAYA ELENA AGUILAR

ZARA MONRROY

ARTISTA, PESCADORA Y AMBIENTALISTA

Había una vez una niña que vivía en una comunidad entre el mar y el desierto, y que siempre tuvo la música en su camino. Su nombre es Zara y creció en un pueblo cantón. Su papá era director de la banda de la iglesia y, a través de las letras que Zara componía, intentaba comunicar un mensaje de amor.

Zara se dio cuenta de un grave problema: muchos jóvenes de su nación estaban perdiendo su lengua materna, cmiique iitom, también conocida como seri. Esto le dio una idea. Comenzó a cantar las letras que había compuesto en cmiique iitom con ritmos musicales populares occidentales. En un inicio, los abuelos y las abuelas no estuvieron de acuerdo. Sin embargo, vieron cómo transmitía el interés por su lengua y sus costumbres, y reforzaba la importancia de reconocer su identidad, así que la apoyaron.

Las letras de esta joven hablan del respeto por la tierra, la familia y el combate en contra del machismo. Para ella las palabras son un medio para sanar nuestro interior. Aunque tímida, en el escenario es como si una fuerza mayor se apropiara de ella para bailar y cantar al transmitir su mensaje. Lo que más le interesa es crear una conciencia de identidad en los jóvenes para que nunca se rindan al perseguir sus sueños.

Otro ámbito en el que ha luchado es la preservación del medio ambiente. Con pláticas en escuelas y reuniones ecológicas, convoca a los habitantes a limpiar la playa para mantenerla como el santuario que es.

NACIÓ EL 31 DE AGOSTO DE 1991

SONORA

MI TERRITORIO PARA MÍ ES MI CUERPO. A DONDE VOY, LLEVO TODO MI TERRITORIO.

ZARA MONRROY

ILUSTRACIÓN DE COBRA

ESCRIBE TU PROPIA HISTORIA

DIBUJA TU RETRATO

ILUSTRADORAS

AGRADECIMIENTOS

Gracias a las mujeres que han dado vida a estos relatos. Sin ustedes la historia no podría ser contada.

Como siempre, gracias a las lectoras y los lectores. Es por ustedes que existen estos libros y podemos seguir descubriendo la vida de mujeres asombrosas que han cambiado el mundo. También a todas y todos los promotores de lectura: desde quien deja un comentario en Goodreads hasta quien acomoda los ejemplares en las librerías.

También agradecemos al equipo de Niñas Rebeldes por confiar en nosotros para desarrollar una edición local. Es emocionante participar en proyectos que se hacen con el corazón.

No podríamos estar más felices de haber colaborado con un feroz equipo de investigadoras y escritoras para crear esta selección y con sesenta y cuatro ilustradoras que dieron rostro a las biografías. También agradecemos a todo el equipo de corrección y edición, a todos los que aportaron ideas, resolvieron dudas y se tomaron el tiempo de leernos.

SOBRE NIÑAS REBELDES

NIÑAS REBELDES es una marca global multimediática enfocada en educación y entretenimiento con la misión de fortalecer a una generación de niñas seguras de sí mismas.

Con su colección de libros, el pódcast, los juguetes y diferentes contenidos digitales, cuentan las historias de mujeres extraordinarias del pasado y del presente para inspirar a las niñas a alcanzar sus sueños.

¡DESCUBRE MÁS REBELDES INCREÍBLES!

¡CONOCE A LAS EXTRAORDINARIAS HEROÍNAS DE LA COLECCIÓN DE LAS NIÑAS REBELDES!

Descubre los revolucionarios inventos de Ada Lovelace, una de las primeras programadoras del mundo.

Conoce la emocionante empresa de Madam C.J. Walker, la pionera en la industria del cuidado del cabello y la primera mujer de Estados Unidos que hizo su propia fortuna.

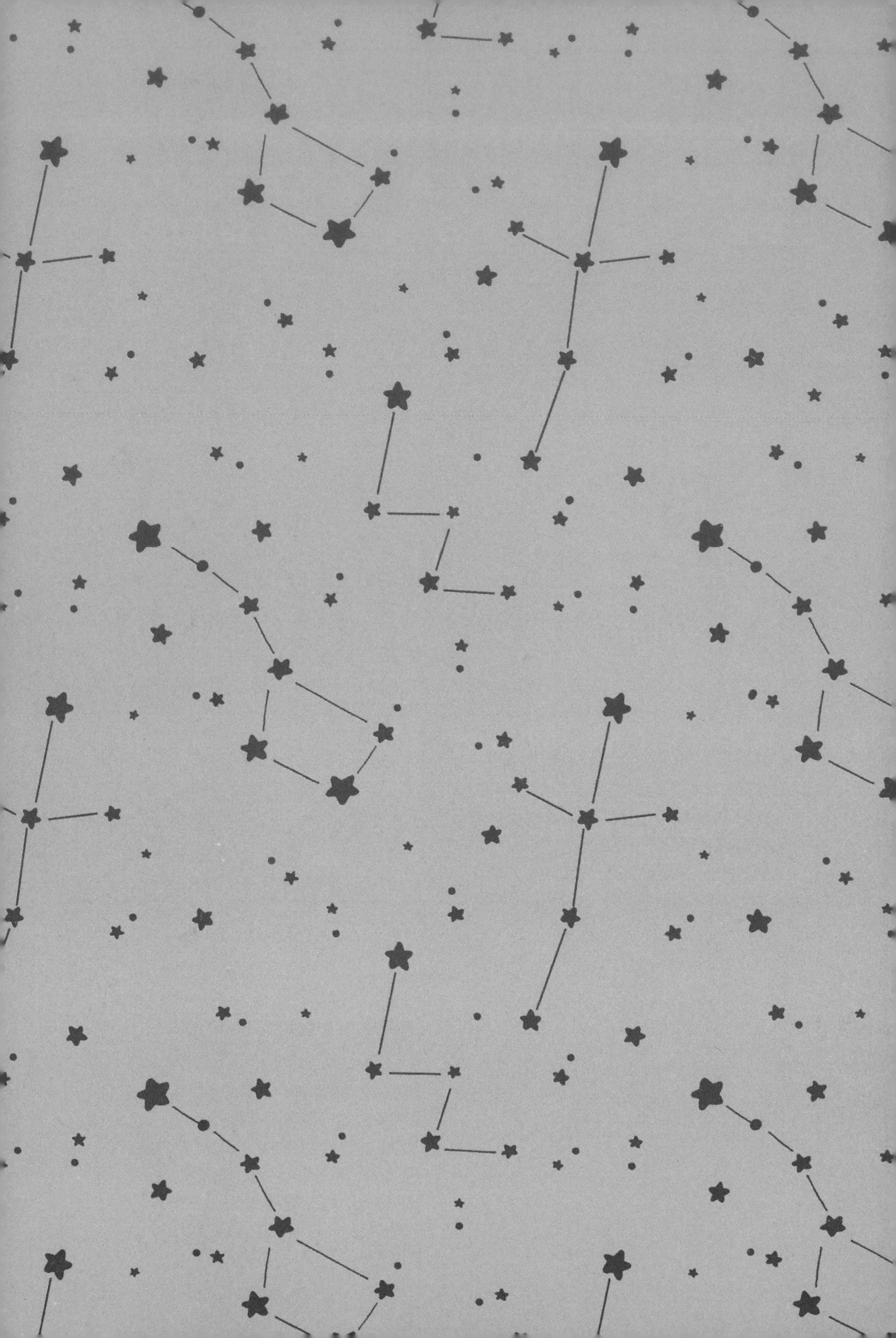